MARCO POLO

BAYERISCHER WALD

Reisen mit Insider Tipps

> Der Bayerische Wald ist statisch und lebendig zugleich. Hier wird es nie langweilig: Es gibt geschäftiges Stadtleben und wohltuende Wald- und Flussufereinsamkeit, Kunst und Kultur, auch Lebenskultur, in vielen Spielarten.
> *MARCO POLO Autorin*
> *Christine Pierach*
> (siehe S. 123)

Spezielle News, Lesermeinungen und Angebote zum Bayerischen Wald:
www.marcopolo.de/bayerischerwald

BAYERISCHER WALD

> SYMBOLE

 **MARCO POLO INSIDER-TIPPS**
Von unserer Autorin für Sie entdeckt

★ **MARCO POLO HIGHLIGHTS**
Alles, was Sie im Bayerischen Wald kennen sollten

 **SCHÖNE AUSSICHT**

⌐ **WLAN-HOTSPOT**

▶▶ **HIER TRIFFT SICH DIE SZENE**

> PREISKATEGORIEN

HOTELS
€€€ über 120 Euro
€€ 60–120 Euro
€ unter 60 Euro
Die Preise gelten für zwei Personen im Doppelzimmer mit Frühstück

RESTAURANTS
€€€ über 15 Euro
€€ 10–15 Euro
€ unter 10 Euro
Die Preise gelten für ein Hauptgericht à la carte ohne Getränke

> KARTEN

[106 A1] Seitenzahlen und Koordinaten für den Reiseatlas Bayerisch Wald

[0] außerhalb des Kartenausschnitts

Karten zu Passau und Regensburg finden Sie im hinteren Umschlag

Zu Ihrer Orientierung sind auch die Orte mit Koordinaten versehen, die nicht im Reiseatlas eingetragen sind

INHALT

> SZENE

S. 12–15: Trends, Entde-
ckungen, Hotspots! Was
wann wo im Bayerischen
Wald los ist, verrät der
MARCO POLO Szeneautor
vor Ort

> 24 STUNDEN

S. 90/91: Action pur und
einmalige Erlebnisse in
24 Stunden! MARCO POLO
hat für Sie einen außer-
gewöhnlichen Tag im
Bayerischen Wald zusam-
mengestellt

> LOW BUDGET

Viel erleben für wenig Geld!
Wo Sie zu kleinen Preisen
etwas Besonderes genießen
und tolle Schnäppchen
machen können:

Günstig übernachten S. 45 |
Brotzeit im Biergarten S. 60 |
Baden gehen für 1,70 Euro
S. 77

> GUT ZU WISSEN

Glaskunst in Frauenau S. 20
| Spezialitäten S. 26 | Blogs
& Podcasts S. 39 | Bücher &
Filme S. 42 | Das Scharfrich-
terhaus S. 70 | www.marco
polo.de S. 100 | Was kostet
wie viel? S. 101 | Wetter in
Regensburg S. 102

AUF DEM TITEL
Tiefe Schluchten und rei-
ßende Bäche S. 58
Skijöring im Bayerwald
S. 15

ENTDECKEN SIE DEN BAYERISCHEN WALD!

Unsere Top 15 führen Sie an die traumhaftesten Orte und zu den spannendsten Sehenswürdigkeiten

Die Highlights sind in der Karte auf dem hinteren Umschlag eingetragen

 Further Drachenstich
Seit 500 Jahren erstechen die Further jeden Sommer eine Feuer speiende Bestie: Der Drache steht für Kriege und die Not der Menschen im Tal (Seite 23)

 Großer Arber
Vom Gipfel des Großen Arber können Sie bei gutem Wetter bis zu den Alpen sehen (Seite 36)

 Klosterbibliothek
Die Deckenfresken der barocken Bibliothek in Metten sind so sehenswert wie die wertvollen Bücher (Seite 40)

 Sankt Emmeram
Schön und erhaben zeigen sich Schloss und Kirche in Regensburg (Seite 45)

 Pfahl
Das von Cham bis ins österreichische Mühlviertel reichende Quarzriff sehen Einheimische als Teufelsmauer an (Seite 52)

 Erlebnispark Gabreta
Hier wird die Besiedlung der Region durch die Kelten ab etwa 1000 v. Chr. gezeigt (Seite 59)

 Dom St. Stephan
Das Langhaus des Passauer Doms gilt als größter barocker Kircheninnenraum nördlich der Alpen (Seite 60)

 Oberhausmuseum
Das Museum auf der Veste Oberhaus in Passau glänzt durch Ausstellungen über Handwerk, Handel und Kultur (Seite 63)

> DIE BESTEN MARCO POLO HIGHLIGHTS

⭐ Lusengipfel
Mit dem schwefelgelben Granitblock-meer hat es im Volksmund eine ganz eigene Bewandtnis (Seite 75)

⭐ Rachelsee
Umrankt von Sagen ist der 15 m tiefe, dunkle Rachelsee (Seite 75)

⭐ Freilichtmuseum Finsterau
Hier spiegelt sich en detail das vormals karge (Über-)Leben im Bayerischen Wald wider (Seite 78)

⭐ Hans-Eisenmann-Haus
Das Informationszentrum in Neuschönau erklärt multimedial und in Freigeländen Fakten und Philosophien im Nationalpark (Seite 78)

⭐ Glasstraße
Eine Reise ins Glasmacherland: Die 250 km lange Themenstraße mit Museen, Manufakturen und mehr führt Sie ins Herz der Glasherstellung (Seite 84)

⭐ Danubium
2800 km Lebensraum: Welch unterschiedliche Biotope es im und am Donaustrom gibt, beschreibt und zeigt das Danubium im Tiergarten Straubing, dem einzigen Zoo Ostbayerns (Seite 98)

⭐ Bergwerk mit Geo-Lehrpfad
Ausflüge unter die Erde in das einzige Grafitbergwerk Westeuropas in Hauzenberg (Seite 99)

WAS FÜR EINE REGION!

Zell bei Falkenstein

> Der Bayerische Wald ist seit der Grenzöffnung Ende 2007 so spannend, dass selbst die Waidler, die Einheimischen, wieder als Entdecker unterwegs sind. Streifen Sie in dieser Dreiländerregion durch schweigsame Wälder, erleben Sie Geschichte in sorgsam gehegten Heimathäusern, Dorfkirchen, Glasmanufakturen und eindrucksvollen Museumsdörfern, lassen Sie sich verwöhnen in Wellnesstempeln mit und ohne Kurheilbad-Drumherum. Kaum ein Outdoorsport, der sich hier nicht treiben ließe. Und statt der ehemaligen Schlagbäume schränken heute einzig Naturschutzgebote grenzenlose Ausflüge ein.

> Im größten Waldgebiet Europas mit den Nationalparks Bayerischer Wald (243 km^2) und Šumava (690 km^2) warten Natur- und Kulturschätze darauf, entdeckt zu werden. Dazu zählen die unergründlich tiefen, stillen Wälder, die wilden Schluchten und Bachläufe, die schlichten Sommerweiden, die hier Schachten heißen, und die geheimnisvollen Hochmoore.

Die 200 Mio. Jahre alten Gipfel sind heute ein behutsam erschlossenes Wanderparadies. Zwischen Further Senke und Dreisessel ragt der Große Arber (1456 m) als ihr König über alle 132 Kuppen, die höher als 1000 m sind. Kein anderer Berg hier beheimatet so viele alpine Pflanzenarten wie er, und auch seine Tierwelt ist exklusiv.

Einfach war das Leben nie in diesem rauen, erst im Mittelalter von Benediktinern zivilisierten und missionierten Landstrich. Mit der Jahreswende 2007/08 ist einmal mehr alles anders. Seit die letzten Schlagbäume entlang der 356 km langen Grenze zur Tschechischen Republik fielen, beobachten Politiker und Naturschützer gespannt, wie die grenzenlose Freiheit ihrer Dreiländerregion bekommen wird. Die älteren Waidler, die noch den ungeteilten Böhmerwald kannten, träumten so lange schwelgerisch von früher, vom einfach praktischen Miteinander der Nationalitäten, der Menschen beiderseits des lange trennenden Eisernen Vorhangs.

> *Stille Wälder, wilde Schluchten, geheimnisvolle Hochmoore*

In der Mitte des Bayerischen Waldes wirkten einst die Mönche aus Niederaltaich und Metten. Den Oberen Wald hatte das Regensburger Kloster St. Emmeram übernommen, den Unteren das Fürstbistum Passau, den es fast 800 Jahre lang beherrschte. Die rebellischen Passauer akzeptierten

Wenn im Tal schon die Apfelbäume blühen, kann man in höheren Lagen meist noch Ski laufen

diese Regentschaft erst 1443 durch einen Schiedsspruch. Burgen entlang der mäandernden Ilz schützten die Grenzen des Hochstifts und seine Handelswege. Diese so genannten Goldenen Steige nach Bergreichenstein, Winterberg und Prachatitz waren bis in die frühe Neuzeit die einzigen Zivilisationsspuren im Hinteren Wald. Auch die Wittelsbacher im 13. Jh. vermochten ihn nicht zu erschließen.

Etwa um diese Zeit ließen sich die ersten Glasmacher nieder, fanden Quarz und Holz für Pottasche und Brennöfen im Überfluss. Ein unterirdischer See bei Rabenstein erinnert an solch einen Quarzbruch. Waren die Bäume um ihre Glashütte verbraucht, zogen die Handwerker weiter. Pferdefuhrwerke brachten die grünen Butzenscheiben und Trinkgefäße nach Passau, Wien, Warschau und bis an den Zarenhof von St. Petersburg. In das grenznahe Gebiet um

den Dreisessel und den Haidel arbeiteten die Siedler sich erst Anfang des 19. Jhs. vor. Nur gut 40 Jahre ist es her, dass die Bewohner von Leopoldsreut vor den strengen, schneereichen Wintern kapitulierten und ihre Höfe verließen. Der Graineter Kessel in der Haidelregion (mit Ortenburg bei Passau) ist das Revier von Fernseh-Waidmann Stefan Leitner als Nachfolger Martin Rombachs und seinem telegenen Forsthaus Falkenau. Das Umland von Breitenberg im Südosten heißt zwar *Neue Welt*. Doch das liegt nicht an später Besiedlung. Vielmehr war das Gebiet

> **> Der Woid ist das ganze Jahr über eine Reise wert**

lange an die österreichische Herrschaft Rannariedl verpfändet, kam erst spät ans Abteiland zurück.

Harmonisch eingebunden in die vielgesichtige Landschaft ist das Kontrastprogramm zum Naturerlebnis: Kirchen, Kulturtempel und Kunsthandwerk, Kurse von Bauernbrot backen bis Volkstanz füllen mühelos eine eigene Entdeckungsreise. Kopflastigkeit verhindern flächendeckend Wellness- und Sportangebote sowie Abstecher in das bodenständige Wirtshaus neben der Kirche, einen Biergarten oder ein Restaurant mit regionaler Küche. Gut 17 Mio. Gäste jährlich können nicht irren – der *Woid* bleibt das ganze Jahr eine Reise wert: Der Frühling bietet in den Hochlagen noch Schnee, wenn in den Tälern schon die Obstbäume blühen. Wer auch nur ein Mal nach einem

WAS WAR WANN?

Um 500 v. Chr. Einwanderung der Kelten, erste stadtähnliche Siedlungen
Um 15 n. Chr. Donau und Limes werden Nordgrenze des Imperium Romanum
5./6. Jh. Zerfall der Römerherrschaft, Christianisierung
8. Jh. Kolonisierung des Bayerischen Waldes durch Benediktinerklöster in Metten und Niederaltaich
907–55 Ungarneinfälle, Schlacht auf dem Lechfeld
12.–14. Jh. Gründung von Märkten wie Cham, Kötzting, Grafenau; Salzhandel über den Goldenen Steig
17. Jh. Der Dreißigjährige Krieg verwüstet auch Niederbayern
18. Jh. Spanischer, österreichischer, dann bayerischer Erbfolgekrieg. Ober- und niederbayerische Bauern verlieren den Aufstand gegen die Österreicher
1803 Säkularisation. Der bayerische Staat kassiert alle Klöster und das Hochstift Passau
1806 Bayern wird Königreich und kämpft neben Napoleon gegen Österreich
1870/71 Deutsch-französischer Krieg, Bayern tritt dem Deutschen Reich bei
1918 Absetzung Ludwigs III., Ausrufung des republikanischen Freistaats Bayern
1939–45 Im Zweiten Weltkrieg wird der Bayerische Wald amerikanische Besatzungszone
1970 Die Region um Rachel und Lusen wird Nationalpark
1989–91 Nach Zerfall des kommunistischen Ostblocks Öffnung der Grenzen zur Tschechischen Republik
2008 Tschechien wird Schengen-Staat

Hitzegewitter von einer Anhöhe auf den von der satt orangefarbenen Abendsonne ausgeleuchteten Fleckerlteppich kraftstrotzender Wälder und frisch gewaschener Dörfer blickt, wird den Sommer im Bayerischen Wald nie vergessen. Der farbenprächtige, intensive Herbst kann noch viele milde Tage bringen. Man braucht sich nur zu gedulden, bis die schon recht morgenmuffelige Sonne den Dunst aus den Tälern und Donauniederungen weggefrühstückt hat. Im Winter ist Einmummeln angesagt, der „Böhmische", ein eiskalter Ostwind, führt das Regiment. Jetzt glänzt die Region auch wegen der weißen Glitzerpracht ihrer tief verschneiten Wälder und Felder: Modernste Pisten- und Loipengebiete mit Ausrüstungsverleih ermöglichen Wintersportvergnügen satt.

Von harter und bewegter Vergangenheit über Generationen geprägt, gibt es unter den Hiesigen naturgemäß Skeptiker. Die fürchten nun grenzenlose Kriminalität und den Ausverkauf ihrer Heimat. Doch das bleibt wohl Unkerei. Beidem hat die Polizei mit ihrer in Grenznähe lange vorbereiteten Umstrukturierung vorgebaut. Unvermindert halten auch die jeder Globalisierung zuwiderlaufenden Proteste der Bayern gegen den Atommeiler Temelin 100 km jenseits der Grenze an. Und freilich blieb auch der malerische *Woid* nicht von Umweltproblemen verschont – der Lusengipfel irritiert seit Sturm „Kyrill" wieder deutlicher durch eine von Borkenkäfer und saurem Regen gezeichnete Baumskelett-Bergwelt. Obwohl die Naturverjüngung unübersehbar ist, halten Nationalpark-gegner weiter große Teile des Hoch-

> **Lassen Sie sich ein auf eine spannende Provinz**

lagenwalds für an den Borkenkäfer verschwendet. Sie wettern mit dem

ständischen Wirtschaft nicht nur Segen. Neue Strategien meint der Tourismusverband Ostbayern seit 2008 mit der Dachmarke „Der Bayerische Wald – Erfrischend natürlich" gefunden zu haben. Recht unabhängig davon und lange vor Vogelgrippe und BSE haben die Landwirte sich auf Qualität und Direktvermarkten be-

Hauptwerk der Gotik: Westportal des Regensburger Doms St. Peter

Schlagwort „Waldvernichtung" gegen den Leitsatz, Natur Natur sein zu lassen. Diese Einstellung sorgt aber auch im Tal für Zoff – wo es um den Donauausbau geht. Wasserautobahn oder Biotop sind hier die Gegenpole.

Zwar mauserte der Untere Bayerische Wald sich mit starken Dienstleistern zur Aufsteigerregion. Doch bringt die Grenzöffnung der mittel-

sonnen – mit köstlichen Folgen auch für die Urlauber.

Vergessen Sie also besser alles, was Sie von irgendwem über das einstige Armenhaus Bayerns und seine vermeintlichen Hinterwäldler gehört haben. Und lassen Sie sich ein auf eine spannende Provinz, die dieser Bezeichnung eine ganz neue und kostbare Bedeutung gibt.

▶▶ TREND GUIDE BAYERISCHER WALD

Die heißesten Entdeckungen und Hotspots! Unser Szene-Scout zeigt Ihnen, was angesagt ist

Natascha Fischer

Das Model war in der Welt zu Hause und hat sich für Straubing im Bayerischen Wald entschieden. Die Mischung machts: nicht Großstadt, nicht Dorf und doch mit einem ausgeprägten Kulturangebot. Die aktuellsten Trends erfährt sie in den Clubs der Region oder auf Vernissagen. Ein weiterer Straubing-Vorteil: die Nähe zu den Bergen. Gerade mal 30 Minuten dauert es, bis sie auf der Skipiste steht.

▶▶ JAZZ AUS DEM WALD

Die Region swingt!

Wer im Bayerwald Volksmusik erwartet, liegt natürlich nicht falsch. Doch zum Swingen bringt die Waldler ein anderer Musikstil. Jazz ist angesagter denn je! Eine der besten Bands der Region ist das *Passau Jazz Orchestra*. 17 Profis und begabte Amateure sowie Jazzsängerin Ursi Limmer-Keim machen Musik à la Count Basie und Duke Ellington

(www.passaujazzorchestra.kulturserver.de). Der *Jazzclub Regensburg* veranstaltet regelmäßig Konzerte und Jazzsessions (*Bertoldstr. 9, www.jazzclub-regensburg.de*). Beim Festival *Jazz an der Donau* gibt es von traditionellem Jazz über modernere Varianten bis zu Free Jazz echte Stars zu sehen und zu hören. Auch Roger Cicero und Candy Dulfer standen hier schon auf der Bühne (*Straubing, www.jazzanderdonau.de*). Das *Passau Jazz Fest* fokussiert neben zeitgenössischem Jazz besonders Kulturbegegnungen mit Österreich und Tschechien (*Nibelungenstr. 4, www.passaujazzfest.de*, Foto).

SZENE

▶▶ KUNST MIT NEUEN IDEEN

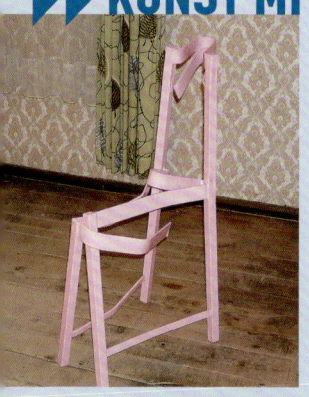

Innovativer Spirit vom Land

„Kunst fürs Volk" lautet das Motto der Kreativen. Das bedeutet: Kunst von jedem, für jeden! In *Kunst im Turm*, der kleinsten Galerie Straubings, bieten die Galeristen Judith und Christian Meier Künstlern die Möglichkeit, ihre Werke auszustellen. Weil der Raum so winzig ist, gibts weitere Werke zusätzlich per Bildschirm zu sehen *(Theresienplatz 21/Stadtturm, Straubing, www.kunst-im-turm.de)*. Die Passauer *Ambulante Galerie* organisiert Ausstellungen an ungewöhnlichen Orten: in einer Apotheke, einer Glashütte – oder einfach im Freien auf der Straße. Dabei werden nicht nur Gemälde ausgestellt, sondern auch Klangperformances organisiert *(Große Messergasse 2/Residenzplatz, Passau, www.ambulante-galerie.de, Foto)*.

▶▶ GLAMOROUS NIGHTLIFE

Das besondere Motto

In den coolen Clubs in der Region beherrschen Style und Design die Bars und Dancefloors. Die Regensburger *Karma Lounge* ist ein Magnet für alle Nachtschwärmer. Vor Buddhafiguren, glitzernden Diskokugeln und poliertem Ufo-DJ-Pult tanzt die Crowd, regelmäßig gibts Partyspecials wie „Delicious Lounge" oder „Secret Society" *(Obermünster Str. 14, Regensburg, www.karmalounge.de)*. Im *Stars* ist alles neu und modern: Wer nicht bei den Mottopartys im Club abfeiern will, entspannt an der stylishen Bar der Lounge oder auf Kissen im Garten *(Im Gäubodenpark, Straubing, www.stars-straubing.de, Foto)*. Relaxen geht auch im Passauer *Coffee Fellows*. Hier steht das beliebteste Motto schon fest: die Movie-Night. Auf Sofas lümmeln und Kultfilme schauen – super *(Schrottgasse 12, Passau)*!

▶▶ HOTELS MIT BOTSCHAFT

Auf die inneren Werte kommt es an

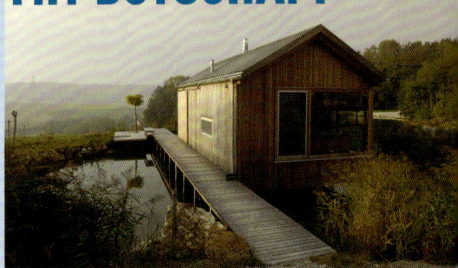

Gutes Aussehen reicht nicht: Hotels setzen jetzt auf Design mit Aussage. Im Vordergrund stehen Ruhe, Entspannung und die Besinnung auf das Wesentliche. Das *Hofgut Hafnerleiten* zelebriert die mediterrane Lebensart. Erwin Rückerl und Anja Horn haben bei ihren sieben Themenhäuschen Stilbewusstsein bewiesen: Im luxuriösen Baumhaus zum Beispiel warten ein Kuschelbett und eine zum Sonnenuntergang ausgerichtete Badewanne, das Wiesenhaus wächst direkt aus der Landschaft. Massagen und Kochkurse mit Wohlfühlcharakter können dazugebucht werden *(Brunndobl 16, Bad Birnbach,* www.hofgut.info, *Foto)*. Im *4 am Dom* stehen die vier Elemente im Vordergrund: Im schmalsten Hotel Regensburgs befinden sich vier Suiten auf vier Etagen – und jede hat eines der Elemente als Thema. Stahl, Bernstein, sprudelndes Wasser und himmlische Betten? Hier gibts für jeden die richtige Suite *(Dom Hotel, Am alten Kornmarkt 3,* www.4amdom-hotel.de*)*.

▶▶ COOKING DE LUXE

Neue Köche braucht das Land

„Das perfekte Dinner" und „Lanz kocht" sorgen für den Hype am Herd. Doch Kochkurs ist nicht gleich Kochkurs. Im Bayerischen Wald lassen sich die Meister am Herd etwas Neues einfallen. Karl Heinz Kaiser bietet in seiner *Kaiserküche* ausgefallene Kurse an: Themen wie Mittelalter, sinnliche Schokoladenküche oder Väterkochen für die Elternzeit stehen auf dem Programm *(Im Gewerbepark D 19, Regensburg,* www.kochspiele-regensburg.de, *Foto)*. Neben Lehrgängen in seiner Kochschule in Regensburg bietet Ulrich Berger auch Homecooking-Kurse an. Anruf genügt, und schon steht Berger zum privaten Lehrgang vor dem eigenen Herd. Und das Beste daran: In den Küchen zwischen Passau und Regensburg wählt der Schüler das Thema des Kurses *(Spiegelgasse 1, Regensburg,* www.bergerulrich.de*)*!

▶▶ ALLES IMPROVISIERT

Theater auf Zuruf

Immer mehr Schauspieler und Zuschauer finden Gefallen am Improvisationstheater mit seinen spontanen Plots. Die Regensburger Improgruppe *Chamäleon* (www.impro-the ater-chamaeleon.de) tritt unter anderem im *L.E.D.E.R.E.R. e.V.* (Lederergasse 25, Regensburg, www.lederer-ev.de) auf. Die *Impromenaden* (www.impromenaden.de, Foto) aus Passau nennen sich Theatersportler und füllen die Bühnen der Stadt, z. B. die Studiobühne der Passauer Mensa (Innstr. 41, www.uni-passau.de).

▶▶ TRENDSPORT SKIJÖRING

Fun im Winter

Der neueste Funsport der Region heißt Skijöring! Während sich in der ursprünglichen Variante der Skifahrer von einem Pferd oder von Schlittenhunden durch den Schnee ziehen lässt, trauen sich die Bayerwäldler noch mehr: Der *Motorsportclub Meidendorf* organisiert wilde Skijöring-Rennen hinter Motorrädern (Meidendorf/Irensfelden, www.msc-meidendorf.de, Foto). Der *Reiterhof Hagenberger* dagegen bietet die traditionelle Version an (Allmunzen 4, Tittling, www.reiterhof-hagenberger.de).

▶▶ FASHION KREATIV

AUF DEN LEIB GESCHNEIDERT

Kleidung von der Stange kann jeder shoppen. Stylishe Waldler lieben es exklusiver. Silvia Richter entwirft aus edlen Stoffen individuelle Wunschkollektionen vom Businessoutfit bis zur Abendrobe. Termin vereinbaren und beraten lassen, so wird das Outfit zum Spiegel der Persönlichkeit (Grabengasse 24, Passau, www.mode-design.de, Foto). Einzelstücke nach Maß fertigt auch Diplomdesignerin (FH) Christine Hoffmeister. Ihre exklusiven Teile sind raffiniert geschnitten und garantiert einmalig (Reichsstr. 5, Regensburg, www.christine-hoffmeister.de).

ANBETUNG

Verwurzelt und bodenständig wie die Bayerwäldler selbst sind ihr Gottesglaube und ihre Anbetung von Schutzheiligen und Namenspatronen aller Art. Mögen heute etwa der Kellberger Leonhardi-Umritt nahe Passau zu Ehren des Patrons der Gefangnen und Pferde oder die Pfingstprozession mit einer aus einem Fichtenstamm bestehenden „Kerze"

auf den Bogenberg bei Deggendorf Tausende Schaulustige anziehen, verstehen die tief religiösen Akteure sich aufrecht als Wallfahrer. Eine andere, sozusagen weltlichere Form der Anbetung ist seit 1953 beim Politischen Aschermittwoch der CSU in Passau zu beobachten. Da lobpreisen die Waidler mit Gästen von überall her am größten Stammtisch der Welt frenetisch und bierselig ihren jeweiligen Ministerpräsidenten.

Bild: Stadtpfarrkirche in Bad Kötzting

STICH WORTE

ARCHITEKTUR

Im Bayerischen Wald finden sich Stadt- und Dorfbilder voller Gegensätze. Überall stehen neben funktionalen Gebäuden übertrieben auf rustikal getrimmte „Landhäuser". Auch der Spagat zwischen Denkmalschutz und Innovation glückt nur bedingt. In den Städten konzentrieren sich in aufwendig sanierten Altstadtkernen barocke Patrizierbauten, oft mit Blendgiebeln: Man zog die Frontfassade höher als das Dach, um den Hausherrn reicher aussehen zu lassen. Viele Orte glänzen nach öffentlich geförderten Wettbewerben unter dem Motto „Unser Dorf soll schöner werden". Und überall schmiegen sich noch alte Höfe in den Windschatten eines Hügels. Früher wurde mit naturbelassenem Holz gebaut, einen Eindruck davon vermitteln die Museumsdörfer Tittling und Finsterau.

DIALEKT

„Griaß-Eahna" hat nichts mit einer Ihnen unbekannten Erna zu tun. So begrüßt hier der Sprecher jeden, den er siezt. Der doppelvokalreiche Dialekt der zum Glück stets übersetzungswilligen Einheimischen bleibt eine Wissenschaft für jeden *Zuag'roast'n* (Zugezogenen). Selbst nach Jahren gibt es, oft sogar landstrichspezifische, Vokabeln zu lernen wie *G'steckan* für Böschung, *Znief(e)* für Kümmerling, *zeil'n* für melken oder *an Erdei*, etwas von, und *sched*, bloß. *Sched-a-weng* heißt „bloß ein bisschen". Die Feinheit liegt in den Endungen: Unterhalten ein Mann und eine Frau, also *zwoa*, sich über *zwo*, ist von zwei Frauen (jüngere sind *Mäscha*) die Rede. Geht es um *se zwe*, sind das zwei Burschen bzw. Männer *(Kund'n)*. *Schiab's zuwe/ zure* oder *danne* ist die Aufforderung, etwas an den Rand (weg) zu rücken. *Zuwa/zu(a)ra* und *danna* meint dagegen, es näher heranzuholen. Kleiner Test: Wo stehen Sie zum Sprecher, wenn er Sie auffordert: „Geh oba"? – richtig – Sie stehen oben, er sagt: „Komm runter" – zu ihm hin. „Geh obi/obe" bedeutet, dass er neben Ihnen steht und Sie wegschickt nach unten.

FAUNA

Einzigartig ist die Tierwelt in National- und Naturpark, wo bedrohte Arten wie Fischotter, Luchs, Wildkatze, Schwarzstorch, Wanderfalke und Auerhuhn wieder angesiedelt bzw. bewahrt und im Bestand gestärkt werden. So bremsten 2007/08 die Luchse den Ausbau der B 11 zwischen Deggendorf und Ruhmannsfelden aus, Zauneidechsen und Laufkäfer bei Eging den des Autozubrin-

Auch den Braunbären gefällt das Leben im Nationalpark

gers. Uhu, Braunbär und Wolf, Wisent und Wildpferd trifft man im Tierfreigelände. Auch in Wäldern außerhalb der Schutzzonen leben Hirsch- und Rehwild, Wildschweine, Dachse, Füchse, Iltisse, Marder und Wiesel. Typische Fischarten sind Äsche, Forelle, Hecht und Schleie, in Ilz und Wolfsteiner Ohe gibt es den seltenen Huchen. Sogar Flusskrebs und Flussperlmuschel haben hier überlebt.

FLORA

Im Urwald des Nationalparks dürfen neben Deutschlands häufigstem Baum, der Fichte, Weißtanne, Föhre, Rotbuche, Spitz- und Bergahorn, Ulme, Sumpfbirke und Linde wachsen und vergehen. Das verrottende Holz nährt Algen und Flechten. In den Hochlagen um Arber, Rachel und Großen Falkenstein wachsen neben Heidel- und Preisel- auch arktische Beeren. Ein Markenzeichen des Bayerischen Waldes ist dank seiner schwimmenden Grasinseln der aufgestaute Kleine Arbersee mit Lehrbuch-Sumpfflora. Am Rand der Hochmoore wie dem Föhrauer Filz gibt es Binsen, Wollgras, Torfmoos und Sumpfbärlapp. „Gehen wir in die Schwammerl!" ist die Aufforderung zum Pilzesuchen. Und die findet man schon ab dem Spätsommer reichlich im Bayerischen Wald.

KIRCHEN & KLÖSTER

Eine Besichtigung wert sind alle Relikte der Missionierung des Bayer-

walds: Nahezu jedes Dorf hat ein hübsches Kirchlein. Regensburg, Gotteszell, Aldersbach und Metten geben Beispiele für die spätbarocke Kunst des Stuckateurs Egid Quirin Asam (1692–1750) und seines Bruders, des Freskanten Cosmas Damian Asam (1686–1739). Im Kloster Niederaltaich können Männer Besinnungsurlaub machen. Im Passauer Dom lohnt der Besuch eines Konzerts auf der weltgrößten Kirchenorgel. Hörenswert sind aber auch die Himmelstöne der Kirchturmglockenspiele, etwa in Cham, Bad Kötzting und Haidmühle.

KULTUR

Vielerorts sind es die Alten, die die Jungen gestreng dazu anhalten, das Andenken an Geschichte und Geschichten zu bewahren. Wer da nicht den Komparsen geben mag im örtlichen Historienspiel, wie das schon der Großvater und dessen Vater taten, dem bleibt nur eines: auswandern. Religiös geprägt sind viele, oft in ganz Altbayern verwurzelte Bräuche wie das Schwingen der ratternden Holzratschen am Karfreitag, wenn die Kirchenglocken schweigen. Sehr weltlich dagegen ist das Brautstehlen, wenn Hochzeitsgäste die Braut in ein anderes Wirtshaus entführen und fest weiterzechen, bis der Bräutigam sie auslöst. Die Dorfjugend trifft sich am Kriegerdenkmal oder Bankerl (Bänkchen), wo sich schon die Großeltern näher kamen. Seit je gehen die Männer, fast alle Feuerwehrler – Pendant ist der katholische Frauenbund – zum Stammtisch. Längst haben Frauen daran ihren

Platz erobert oder eigene Ratsch- (= Plauder-)runden etabliert. Überall finden sich auch Sing- und Volksmusikkreise und Theatergruppen zusammen, die jährlich einen Schwank einstudieren und wenige Male, meist im Pfarrsaal, aufführen.

MEDIEN

Flächendeckend informieren regionale Fernseh- und Radiosender über das Lokalgeschehen. Doch für viele Hiesige bleiben sie bestenfalls Ergänzung zur Heimatzeitung, in der in der Regel zuallererst die Todesanzeigen aufgeschlagen werden. Im Wald behauptet die „Passauer Neue Presse" mit ihren Regionalausgaben eine Monopolstellung. Erst bei Deggendorf beginnt das Verbreitungsgebiet des „Straubinger Tagblatts". Im Raum Regensburg dominiert die „Mittelbayerische Zeitung". Ergänzt werden sie durch ihre Onlineversionen und Stadtmagazine wie „pasta!", „Innside" in Passau oder „logo" in Straubing und Regensburg. Nahezu jede Gemeinde, jede Sehenswürdigkeit präsentiert sich der weiten Welt inzwischen auf der Datenautobahn. Allerdings in enorm unterschiedlicher Qualität. Und bis überallhin hat sich das mit dem Aktualisieren noch

nicht wirklich herumgesprochen. Dafür hat modernste Navigationselektronik den Bayerwald erreicht: Wanderer, Radler, und Reiter finden auf *www.bayerischer-wald.de* für jede Outdoor-Sportart den passenden elektronischen Lotsen, GPS-Track genannt.

TEMELIN

Proteste erfährt das südböhmische Atomkraftwerk Temelin, gerade einmal 100 km von Passau entfernt, seit es als leistungsstärkstes AKW der Nachbarn im Jahr 2000 mit zwei russischen 1000-Megawatt-Reaktoren und einer US-Kontrollanlage ans Netz ging. Das AKW gilt als extrem unsicher, über 110 Störfälle dokumentierten seine Gegner bereits. Im Juli 2006 leckte eine Ölleitung, im März 2007 lief wieder radioaktives Wasser aus. Die Einwände beschäftigten schon die Regierungen in München und Berlin, wo dieses Atomkraftwerk keine Genehmigung erhielte.

TOTENBRETTER

Einzeln und in Gruppen, manchmal überdacht: Vielerorts im Bayerischen Wald werden Sie die Totenbretter se-

 ## GLASKUNST IN FRAUENAU
Ein Museum als Kunstobjekt

Die Glaskunst im Bayerischen Wald lebt. Jüngster, faszinierender Beweis ist das neue Glasmuseum in Frauenau. Es ist zugleich Kunstobjekt und Dokumentation. 21 regionale Künstler haben Fens-ter, gläserne Treppen, Säulen und weitere Details mitgestaltet. Ihre Werkstätten sind die Keime der Studio-Bewegung (eigener Trakt), die Erwin Eisch in den 1970er-Jahren säte.

hen, hölzerne Gedenktafeln für liebe Verstorbene, oft an deren Lieblingsplatz, oft mit derb heiteren Sprüchen und Zeitzeugnissen wie: „Der Vater in die Sense trat, das hat ihm den Tod herbei gebracht, ein Vierteljahr musst er schwer leiden, bis er konnt verscheiden" oder „Sie starb, als sie 15 Jahr und schon zu gebrauchen war". Sie stammen aus der Zeit, als es weder Leichenhäuser noch Särge gab. Man nähte den Leichnam in ein Leinentuch, bahrte ihn auf dem Brett bis zum Begräbnis in der Stube auf und trug ihn darauf zum Grab. Wurde das Brett nicht mit begraben, ließ man es vom Schreiner verzieren und beschriften und stellte es in die Gegend. In vielen Heimatzeitungen heißt die Rubrik für Nachrufe „Totenbrett". Moderne Abart sind die so genannten Marterln, das sind Gedenksteine oder Kreuze am Straßenrand, die an Unfalltote erinnern.

Totenbretter erinnern an Verstorbene

WATTEN

Dreschen im Wirtshaus zwei Spielerpaare dramatisch altdeutsche Karten, frönen sie dem bayerischen Poker, dem Watten. Einsatz ist meist die nächste Runde Bier. Die „Kritischen", die drei höchsten Trümpfe, heißen „Maxe" (Herz-König), „Welle" (Schelln-7) und „Spitz" (Eichel-7), auch „Soach" oder „Bettsoacher" (Bettnässer) genannt. So alt wie das Spiel ist die Zeichensprache, mit der ein Watter den Partner über sein Blatt informiert (zum Beispiel Kussmund für „Maxe"). Manchmal hat er das heimlich längst erledigt, wenn er mit anderen Signalen die Gegner täuschen will.

WIRTSCHAFT

Angesichts der Globalisierung wirkt sich die Nachbarschaft zu den EU-Mitgliedern Österreich und Tschechien immer stärker aus, ebenso die konjunkturbedingte Dauerangst vor Entlassungen. Neben der Glasindustrie sind der Tourismus und nicht zuletzt der Nationalpark wichtige Wirtschaftsfaktoren. Wer nicht dort sein Auskommen hat, findet als Pendler Arbeit bei BMW (Dingolfing und Landshut, Zweigwerk in Regensburg), in der Zahnradfabrik (Passau), bei Siemens (Regensburg), auf den Donau-Werften oder in einer der (Fach-) Hochschulen in Passau, Deggendorf, Straubing, Landshut und Regensburg.

TRADITION UND LEBENSFREUDE

Im Bayerischen Wald l(i)eben
die Menschen Brauchtum und Kultur ganzjährig

> Religiöse Feste, Sport und Kulturevents von Jazz-, Rock- und Klassikopenairs über Dorffeste und Theater – ab Ostern quellen die Kalenderblätter über.

OFFIZIELLE FEIERTAGE

Neben den bundesweiten gelten einige katholische Feste als gesetzliche Feiertage: **1. Jan.** *(Neujahr);* **6. Jan.** *(Dreikönig);* **Karfreitag; Ostermontag; Himmelfahrt; Pfingstmontag; Fronleichnam; 15. Aug.** *(Mariä Himmelfahrt);* **3. Okt.** *(Tag der Deutschen Einheit);* **1. Nov.** *(Allerheiligen);* **25./26. Dez.** *(Weihnachten)*

FESTE UND LOKALE VERANSTALTUNGEN

Januar

Neujahrsanblasen (Geyersberg bei Freyung; Passau) und anschließend (Grafenau) Konzerte, Bälle
Haidel/Dreisessel: *Hundeschlittenrennen*
Das *Elefantentreffen* mit winterlichem Woodstock-Flair in Loh bei Solla ist der weltweit größte (über 5000 Biker) und älteste (2009 das 53. Mal)

Wintertreff für Motorradfahrer aus ganz Europa *(www.bvdm.de).*

Februar/März

Faschings-, also *Karnevalsumzüge (Gaudiwürmer)* und *-feste.* Sehenswert ist die *Frauenauer Raunacht* (Faschingssamstag).
Am Aschermittwoch geht es verbal zur Sache bei den politischen Mega-Stammtischen der CSU in Passau und den Kontrahenten von der SPD in Vilshofen. Die Fastenzeit reichern Starkbierfeste an.

April

Frühlingsfeste (Kirmes) in Passau und Straubing; an Ostern in Regen und Furth im Wald *Pferdeprozessionen*

Mai/Juni

In der Nacht zum 1. Mai versuchen die Burschen, den *Maibaum* im Nachbarort zu stehlen. Die geschmückte Holzstange muss mit Bier und Brotzeit ausgelöst werden, bevor die Männer sie mit viel Tamtam auf dem Dorfplatz aufstellen.

Aktuelle Events weltweit auf www.marcopolo.de/events

> EVENTS
FESTE & MEHR

An Pfingsten wallfahren die Holzkirchner (bei Ortenburg) seit über 500 Jahren mit einer 13 m langen „Kerze" (einer mit Wachs umwickelten Fichte) auf den Bogenberg (gegen Borkenkäfer). In Hauzenberg steigt das *Passauer Pfingst-Openair* (Rock, Weltmusik). Pfingstmontag eröffnen über 1000 Berittene eine *Festwoche* in Bad Kötzting.

Juni
Beginn der internationalen Kulturfestspiele *Europäische Wochen* (Karten vorbestellen!) in Passau

Juli
Passau: *Eulenspiegel-Zeltfest* (Kabarett/Musik), *Ilzer Haferlfest* (Tonkrüge, früher „Hafen", sind Eintrittsmarke) mit Feuerwerk/historischen Fischerspielen; Regensburger *Altstadtfest;* Waldkirchner *Marktrichtertage* (seit 1285 Marktrecht); in Regen (seit 1874) *Pichelsteinerfest* (Wasserspiele, Gondeln) für ein Eintopfgericht

August
In Straubing *Gäuboden(volks)fest;* *Säumerfest* um mittelalterlichen Salzhandel in Grafenau (1. Augustsamstag); ⭐ *Further Drachenstich* (ältestes Volksschauspiel Deutschlands über die Hussitenkriege); *Arberkirchweih* (Bergmesse, Gipfelfest) am Sonntag vor oder nach dem 24. August (St. Bartholomäus)

September bis November
Echte Volksmusik statt volkstümlicher Musik beim Wettbewerb *Zwieseler Fink;* um Zwiesel *Wolfauslassen* (früher liefen Männer, mit Kuhglocken behängt, umher, um Raubtiere vom Hof fernzuhalten)

Dezember
Christkindlmärkte; sehenswert: Passau (beim Dom), Regensburg (Schloss), Granit-Zentrum Hauzenberg. Wilde Gesellen sind in den *Raunächten* von Hl. Thomas (21. Dez.) bis zum Dreikönigstag polternd unterwegs.

> GOURMETPFANDL UND BIO-SCHMARRN

Tradition trifft Moderne: Sterneköche nehmen sich begeistert Omas Rezepthefterl vor

> Was im Südosten Bayerns wie aufgetischt wurde, bestimmte einst allein der Wohlstand. Heute ergänzt Ernährungsbewusstsein die Größe des Geldbeutels als bestimmenden Faktor.

Im kargen *Woid* ließ man früher aber gleich gar nix verkommen, während bei den reichen Bauern in Gäuboden und Rottal die Tische sich schon werktags unter deftiger Schwelgerei bogen. Das ist Vergangenheit. Die Region tischt kulinarisch interessant und vielseitig auf. Marktbedingt haben viele Bauern sich auf Qualitätsprodukte und Biobeilagen spezialisiert. Dazu lassen mehr Ernährungsbewusstsein und wellnessbewegte Gourmets die Köche alte Rezepte neu entdecken.

Das Leibgericht der Einheimischen war und ist der Schweinsbraten mit Reiberknödl (Kartoffelklöße) und (Sauer-)Kraut. Lange Zeit galt dieses Essen als Fest- und Sonntags-

> *www.marcopolo.de/bayerischerwald*

ESSEN & TRINKEN

mahl, konnten sich an Werktagen doch nur sehr wenige Bayerwaldler Fleisch leisten. So hat sich die gesamte Esskultur aus der Armut entwickelt. Man lebte von dem, was man selbst erwirtschaften konnte – mischte aus Getreide, Kartoffeln, Kraut, Obst, Eiern, Schmalz und Milchprodukten herzhafte und süße Speisen. Die Waldbauern und Holzarbeiter mussten früher oft mehrere Tage lang von mitgeführten Vorräten leben. Daraus mögen sich dann die vielen *Pfandlgerichte* entwickelt haben, jedes ein schmackhaftes Sammelsurium auf der Basis von angebratenen Kartoffel- und/oder Knödelscheiben. Nach und nach bereicherten dann auch böhmische und österreichische Variationen den Speiseplan. Seither ist *Schmarrn* auch nicht mehr nur das bairische Pendant zur hochdeutschen Vokabel „Käse" (für Unsinn). Vielmehr sind heute gerade in Speisekarten damit phantasievolle Süßspeisen gemeint. Darunter ist der *Kaiserschmarrn*, eine luftige Abart gerupfter Pfannkuchen, wohl die bekannteste und sehr österreichische Variante.

Die meisten Schmarrngerichte wurden auf den kleinen gusseisernen Öfen in Berg- und Jägerhütten erfunden. Doch längst haben kochkundige Hüttenwirte und Gourmetküchenchefs die schlichten Sattmacher von einst in ihr Repertoire aufgenommen und teilweise zu exquisiten Gaumenfreuden weiterentwickelt. Heute gehören zu einem Semmelschmarrn,

> SPEZIALITÄTEN

Genießen Sie die typisch bayerische Küche!

▊ SPEISEN

Bauernkrapfen (Aus'zog'ne) – Berliner ohne Füllung. Der Hefeteig wird auseinandergezogen und in Schmalz gebacken.

Brotzeit – eine Art Frühstück am Nachmittag. Im Passauer Raum setzt man sich dabei zum *Brodeln* (von Brot) zusammen.

Dampfnudeln – Hefeklöße, bisweilen gefüllt, die in einem Topf mit Deckel zugleich gebraten (von unten) und gedämpft werden.

Erdäpfelkas – Mus aus Kartoffeln, Sauerrahm, Zwiebeln, Salz, Pfeffer: ein herzhafter Brotaufstrich

G'selchtes – geräucherter Schweinebauch oder -rücken, in Lake mariniert

Hollerkiacherln – in Pfannkuchenteig getauchte Holunderblüten, die in Fett ausgebacken werden

Kletz'n – getrocknete Birnen; *Kletz'nbrot* besteht auch aus anderen Früchten

Leberkas – enthält weder Leber noch Käse, sondern wird aus Fleischbrät geformt

Obatzda – besteht hauptsächlich aus Camembert mit Butter, Paprika und Zwiebeln

Presssack – Sülzwurst

Reiberdatschi – Kartoffelpuffer; werden mit Kraut oder Apfelmus gegessen

Semmelknödel – Klöße aus Brötchen und Eiern (Foto)

Surfleisch – gekochter Schweinebauch, in Lake mariniert

G'röstl – Masse aus Kartoffeln oder Knödeln, mit Ei und/oder Fleisch und/oder Wurst in der Pfanne gebraten

▊ GETRÄNKE

Muich (Milli) – Milch

Radler – Mix aus Zitronenlimonade und hellem Bier. Die Maß (bairisch *Mass*) enthält 1 l, der halbe Liter heißt *Hoibe*

Russ' (Russe) – Weißbier (Weizen) und Limonade

Zwicklbier – naturtrübes, weil ungefiltertes Bier

mit dem früher alte Brötchen dank Milch, Butter, Eiern, Zucker und Zimt schmackhaft verwertet wurden, noch eine Vanilleschote, brauner Zucker und Rum. Statt simpler eingemachter Früchte dazu braucht es dann natürlich auch ein Kompott, das mit Biolimetten und Weißwein aufgekocht wurde.

Dieses Beispiel macht deutlich, dass die Gastgeber im Bayerischen Wald die Spezies der Genießer als Kunden entdeckt haben: Vielerorts, und immer häufiger, wird mit dem Dreiklang Galerie – Golf – Gourmet geworben. Nicht nur für die Meister der Haute Cuisine in den so angepriesenen Sternerestaurants, sondern auch für die Köche in den bodenständigen Gastwirtschaften und einfachen Schenken ist heute die vielseitige Zubereitung von Fleisch so alltäglich wie überall anders auch.

Regionaltypisch sind natürlich Wildgerichte und Biofleischzubereitungen; in der Gegend um Cham hat man sich auf zarte Ochsen, um Sankt Englmar herum auf Lamm, Kalb und Schaf spezialisiert. Obwohl die Stadt Regen im Juli das Pichelsteinerfest begeht, stammt dieser Eintopf auf der Grundlage von Kartoffeln, Gemüse und drei Sorten Fleisch ursprünglich aus Grattersdorf (11 km von Hengersberg an der A 3 entfernt). Erfunden hat die beliebig streckbare Speise im Jahr 1874 die Wirtin Auguste Winkler, als auf dem Büchelstein ein großes Essen auszurichten war. Angeblich soll der würzige Eintopf durch seinen Fan Otto von Bismarck als Pickelsteiner oder Pichelsteiner auch im „preußischen Ausland" bekannt geworden sein.

Deftige lokale Genüsse sind die Ergebnisse von Hausschlachtungen, wie zum Beispiel Kesselfleisch und Würste. Aber auch Fisch kommt auf den Tisch: Aus der verbreiteten An-

Bier passt zu fast jeder Mahlzeit

gelleidenschaft und dem Artenreichtum in Bächen und Flüssen hat sich die unverfälschte Zubereitung köstlicher fangfrischer Flossenträger entwickelt.

Und wie sieht es mit den Getränken aus? Was zu jeder Mahlzeit passt, ist, natürlich, ein Bier (wird in Bayern seit fast 1000 Jahren gebraut) aus einer der vielen regionalen Brauereien. Auch das Keltern von Wein hat hier eine lange Tradition, obwohl das Klima nicht optimal ist. Die Römer haben einst die ersten Reben an den Donauhängen gepflanzt. In Bach und Kruckenberg, etwa 20 km südöstlich von Regensburg, wird bis heute Wein angebaut. Das Ergebnis ist mit dem der Nachbarn in der Wachau zu vergleichen. Die rare Ausbeute wird allerdings nur ungern und deshalb recht teuer in Weinstuben verkauft.

GLASKELCHE UND LEDERHOSEN

Um Ursprüngliches zu entdecken, kann ein wenig Spürsinn hilfreich sein

> Kunsthandwerk, Leder und Glas prägen im Bayerischen Wald die Märkte und Auslagen der Souvenirläden. Freilich können Sie hier wie überall auf der Welt Kitsch made in Hongkong erwerben. Echt sind dagegen die Handwebstoffe und Fleckerlteppiche (Flickenteppiche) aus dem Wegscheider Land.

ESS- UND TRINKBARES

Viele der Angebote aus der Landwirtschaft, ob Eier, Kräuter, Fleisch, Geflügel oder Obst und Gemüse, waren schon immer „Bio", nur kannte man dieses Qualitätszeichen früher noch nicht. Generell haben die Fleisch- und Wurstwaren aus der Gegend einen guten Ruf. Eine Besonderheit unter den Bränden ist der Bärwurz, ein mindestens 40-prozentiger, klarer Schnaps, der nur hier im *Woid* aus den Wurzeln der Bärwurzpflanze gebrannt wird.

GLAS

Glas ist das typische Erzeugnis des Hinteren Waldes, die Tradition der alten „Waldhütten" reicht zurück bis ins Mittelalter. Man findet in den Glashüttengemeinden schöne Unikate. Es gibt mundgeblasene Gläser und Vasen, auf unterschiedliche Weise bunt verzierte Schnupftabakflaschen bis hin zu Rosenkränzen aus Glas. Ein Markenzeichen für Glas aus dem Bayerischen Wald ist das Werk von Erwin Eisch in Frauenau, bekannt für Handwerkskunst in seiner ursprünglichen Form. Eisch-Gläser sind Stück für Stück mundgeblasen und zeichnen sich durch ihre poetische Formgebung aus. *Valentin Eisch | Führungen Mo–Do 9–11.30 und 13–14.45, Fr/Sa 9–11.45 Uhr, Werksverkauf Mo–Fr 9–18, Sa 9–16, Mai–Okt. auch So 10–16 Uhr | www.eisch.de*. Vorteilhaft ist der Werkseinkauf in den Manufakturen der Glashüttenorte.

SÜSSE ANDENKEN

In Sachen Haltbarkeit können süße Mitbringsel nicht mit Glas und Holz konkurrieren. Trotzdem gibt es ebenbürtige regionale Köstlichkeiten wie

> EINKAUFEN

Früchtebrot und nach Uromas Rezepten gebackene Leckerl (Plätzchen) im Winter sowie das ganze Jahr über feine Konditoreispezialitäten. Falls Sie die Heimreise über Passau führt, finden Sie im *Café Simon (Rindermarkt 10 und Donau-Passage beim Bahnhof)* zum Aufessen fast zu schöne Schokoladekreationen wie *Goldhauben* nach dem traditionellen Trachtenkopfschmuck der Passauerinnen, zarte *Scharfrichter*-Pralinen mit dem Logo der eher herben Kabarettbühne und mehr. Ein bewährter Passauer Exportschlager ist auch der sensationelle Nusszopf vom *Café Greindl (Wittgasse 8 und Theresienstr. 8)*.

TRACHTENMODEN

Trachten und Lederbekleidung, Tücher und Tischdecken werden original im Bayerischen Wald gefertigt. Schöne Einkaufsmöglichkeiten gibt es u. a. in Lam und Cham *(Charivari)*. Gut und auch für „Preißß" tragbar: Bundhosen aus Hirschleder.

TRÖDEL UND ANTIQUITÄTEN

Originale Bauernmöbel und Gegenstände sakraler Kunst sind immer noch zu finden. Seit die Öffnung der Grenze zur Tschechischen Republik günstigen Handel (und Schmuggel) zulässt, sind die Geschäfte im Grenzgebiet wieder besser bestückt. Eine teure Rarität: *Příbramer Madonnen*. Die oft kindsgroßen Holzfiguren waren früher ein Mitbringsel aus der Wallfahrt ins böhmische Příbram.

WOCHENMÄRKTE UND HOLZMÄRKTE

Die Märkte und speziell die Bauernmärkte, die nun wieder vermehrt stattfinden (meistens freitags), bieten gute, interessante und schöne Erzeugnisse des Bayerischen Waldes. Hier können Sie sich mit Lebensmitteln versorgen oder auch dekorative Holzartikel wie Körbe und mit Blumen und ornamentalen Mustern reich verzierte Löffel erwerben.

> ZWISCHEN REGENSBURG UND LAM

Von der Kornkammer Bayerns in die hohen Wälder des Naturparks

> Der Regen ist auch bei Sonnenschein der rote Faden durch diese abwechslungsreiche, weil mal liebliche, mal verwunschene Region, sofern der 180 km lange Fluss gemeint ist.

Als ihr Hauptwasserlauf beginnt der unbegradigte Naturstrom – 120 km Bootswanderweg zwischen Regensburg und Blaibach – als ungestümes Wildwasser, passiert weite Täler und enge Schluchten. Der Naturpark Oberer Bayerischer Wald reicht vom Donautal bei Regensburg bis in die Bergtäler der Ökoregion um Lam, den Hinteren Bayerischen Wald. Die Infrastruktur ist noch schwach, die Besiedlung dünn: Das Waldgebiet, das in den Gäuboden hinein zur Donau hin hügelig ausläuft, lag zu lange am Eisernen Vorhang und damit zu lange ein bisschen am Ende der Welt. Heute ist es Wanderer-, Radfahrer-, Wintersport- und Kultur-Urlaubsland mit Nationalpark, 1200 km Radwe-

Bild: Regensburg

OBERER BAYERISCHER WALD

gen allein im Kreis Cham, acht Skigebieten und einer ungewöhnlichen Dichte an Burgen, Klöstern und Kirchen sowie geballt Brauchtum und Historienspiele. Die besten Eindrücke erhalten Sie bei einer Anreise von Regensburg über Donaustauf und die Walhalla, Wörth und Falkenstein in das fruchtbare Acker- und Weideland um Cham, Furth und Lam; schneller geht es auf der B 85 über Roding.

BAD KÖTZTING

[108 B–C4] Mitten in der historischen Altstadt des Kneippheilbads (7300 Ew.) mit steht die Kirchenburg mit barocker Pfarrkirche, einst Schloss der Chostinger, seit 1805 Pfarrhof. Bad Kötzting ist berühmt für seinen Pfingstritt. Das ist eine prächtige Bittprozession, in der bis zu 1000 Männer am Pfingstmontag durch das Zellertal nach Steinbühl ziehen (der Hufeisen-Wanderweg ab

Insider Tipp

Busparkplatz Ludwigstraße folgt auf 16,6 km ihren Spuren).

■ SEHENSWERTES

ALTES RATHAUS

Sehens- und hörenswert ist das Glockenspiel *(tgl. 11 Uhr)* aus 18 Spiel-

Klause (Tel. 09941/83 77 | kein Ruhetag | €) oberhalb der Stadt mit den Apostelfiguren, die mit Netzen Menschen fischen, führt der *Fischerlweg I* (8,2 km ab Busparkplatz Ludwigstraße) über Wallfahrtsweg, Regenstein und Blaibacher See.

Der Pfingstritt in Bad Kötzting geht auf ein Ereignis aus dem Jahr 1412 zurück

und zwei Schlagglocken am Barockbau; dazu dreht sich ein Figurenspiel mit Gestalten aus dem Pfingstritt.

BÄRWURZ-QUELLE

Schaubrennerei, Schnapsmuseum und Probierstube. *Pfingstreiterstr. 44 | Mo–Fr 9–18, Mai–Dez. Sa 9–16, So 10–16 Uhr*

FISCHERKANZEL

Zur barocken Wallfahrtskirche Weißenregen mit Berggasthof *Zur*

WOLFRAMSLINDE

Um 1200 war der Minnesänger Wolfram von Eschenbach auf der ❀ Burg Haidstein. Im Ortsteil Ried ist ihm eine 1000-jährige Linde mit 5 m dickem Stamm gewidmet.

■ ESSEN & TRINKEN ÜBERNACHTEN

AMBERGER HOF

Das Haus befindet sich seit mehreren Generationen in Familienbesitz; auf der Speisekarte stehen regionale Spezialitäten. *33 Zi. | Torstraße 2 | Tel. 09941/95 00 | Fax 95 01 10 | www. amberger-hof.de | €€*

BAYERWALDHOF
Wellness und Pferdesport werden großgeschrieben im sehr kinderfreundlichen Hotel der Springreiterfamilie Mühlbauer 6 km außerhalb, mit Hallenbad und Reitschule. Hier sind Ferien mit eigenem Hund und/oder Pferd *(Gastbox Vollpension plus misten 14 Euro/Tag)* möglich. *59 Zi. | Liebenstein 25 | Tel. 09941/ 94 79 50 | Fax 947 95 30 | www.bay erwaldhof.de | €€*

KNEIPP-HOTEL AM STEINBACHTAL
Groß und günstig ist das Kneippkur-Haus mit 44 Zimmern. *Steinbach 2 | Tel. 09941/16 94 | €*

ZUR POST
Zentral gelegenes Haus mit 100-jähriger Tradition; gehobene bürgerliche Küche, Kegelbahn, Ballsaal, Biergarten und Hotel. *9 Zi. | Herrenstr. 10 | Tel. 09941/66 28 | €–€€*

■ FREIZEIT & SPORT
Als Erlebnis- und Sportbad firmiert das *Aquacur* mit Sauna, Stein-, Sole- und Wellenfreibad *(Mo 13–22, Di– Do 11–22, Fr 11–24, Sa/So 10–22 Uhr | Bgm.-Seidl-Platz 1 | www.aqa cur.de).* Am *Höllensteinstausee* gibt es einen Bootsverleih *(Tel. 09941/71 63 |www.hoellensteinsee.com).*

■ AM ABEND
Kötzting hat viele *Gasthäuser* und einige *Diskos.* Zum 3000 m^2 großen *Spielkasino* mit amerikanischem und französischem Roulette gehören zwei Bars und ein Restaurant.

■ AUSKUNFT
TOURISTINFORMATION
Herrenstr. 10 | Tel. 09941/60 21 50 | Fax 60 21 55 | www.koetzting.de

■ ZIELE IN DER UMGEBUNG
CHAM [108 A3]
„Stadt am Regenbogen" heißt sie auch, die Kreisstadt Cham (17 000 Ew.) 20 km westlich der Tschechischen Republik. Den bunten Spitznamen verdankt Cham dem

MARCO POLO HIGHLIGHTS

★ **Steinerne Brücke**
Regensburgs Architekturwunder aus dem Mittelalter (Seite 46)

★ **Sankt Emmeram**
Schön und erhaben: Schloss und Kirche in Regensburg (Seite 45)

★ **Großer Arber**
Das ist der Gipfel: Hier können Sie nicht nur Ski laufen und Schlitten fahren, sondern auch heiraten (Seite 36)

★ **Handwerksmuseum und Stadtmuseum**
Zwei Höhepunkte in Deggendorfs Kulturviertel (Seite 37)

★ **Pfahl**
Die geologische Rarität lockte einst die Glasmacher in den Wald (Seite 52)

★ **Klosterbibliothek**
Barocke Pracht in Metten (Seite 42)

Fluss Regen, der die Altstadt im Bogen umfließt. Sichtbar sind 1100 Jahre Stadtgeschichte in Jakobskirche, Rathaus und Stadtbefestigung. In der Senke vor der Stadt liegt die Klosterkirche *Chammünster,* mit 1265 Jahren Urpfarrei des Oberen Bayerischen Waldes. Die im 15. Jh. gotisch umgebaute Kirche hat ihr romanisches Taufbecken bewahrt. *17 km von Kötzting | www.cham.de*

FALKENSTEIN [107 E3]
Der Markt (3300 Ew.) auf 573 m wird bewacht von der ☀ Burg Falkenstein (628 m, Blick auf Arber und Alpen) auf einem Granitfelsen. Heute wird sie von Juni bis August zur Theaterbühne für die Burgfestspiele. Und man kann in der schmucken Burg *(www.burgfalkenstein.eu)* mit Gasthof *(€)* und Pension *(4 Zi., 2 Apartments | €–€€)* heiraten (standesamtlich und kirchlich). Sie umgibt ein urwaldähnlicher Naturfelsenpark. *37 km von Kötzting*

Insider Tipp

FURTH IM WALD [108 B–C2]
Seit einem halben Jahrtausend erstechen die 9300 Further im August am Marktplatz den Drachen in Bayerns ältestem Historienspiel, und das genau auf der Grenze zwischen Bayerischem und Oberpfälzer Wald. Die 1086 erstmals erwähnte Stadt ist untertunnelt, im Sommer gibt es Führungen durch die Felsengänge. Abwechslung bieten der 18-Loch-Golfplatz *(www.gc-furth.de)* und ein *Wildgarten* mit Unterwasserbeobachtungsstation, die kein Aquarium ist, sondern Sichtfenster in einen 2,50 m tiefen Teich *(ganzjährig, Mai–Sept. Führungen Di/Do/So 14 Uhr | www.wild-garten.de).* Schon von Weitem grüßen der barocke Kirchturm (45 m) und der ☀ Stadtturm. Man kann ihn besteigen und aus 20 m Höhe auf Furth und ins Chambtal blicken. Er beherbergt das *Landestor-Museum* und Deutschlands erstes *Drachenmuseum (Ostern–Nov. Di–So 10.15–16.45,*

Der Marktplatz in Cham wird beherrscht von der Jakobskirche

Nov–Ostern Di und Do 14.15–17, Sa/So 11–13 Uhr).

HOHER BOGEN ❋ [108–109 C–D3]

Das Wandergebiet auf den zehn Kuppen des etwa 7 km langen Höhenzugs mit Sommerrodelbahn und Sessellift lässt weit in den Böhmerwald blicken, dient im Sommer auch Reitern und Mountainbikern und im Winter Rodlern, Skifahrern und Lang- und Schlittschuhläufern als Hobbyland.

LAM [109 E3]

Wer den Markt (2900 Ew.) mit Ganzjahrserlebnisbad, Campingplatz und Jugendherberge im engen Tal beschreibt, verwendet allein geografisch Bayerwald-Schlagworte in Fülle: Das Tal, durch das der Weiße Regen fließt, begrenzen Arber, Osser, Kaitersberg und Hoher Bogen. Und der Fluss entspringt dem Kleinen Arbersee am Fuß des Arber.

WALDMÜNCHEN [108 A1]

Am Oberlauf der Schwarzach, die hier zum Perlsee gestaut wird, liegt die Stadt (7000 Ew.), in der sie jeden Sommer die Trenckfestspiele geben und damit an den gefürchteten Pandurenoberst Franz Freiherr von Trenck erinnern, der 1742 mit 1000 Freischärlern in den Ort einfiel. Hier beginnt auch der 173 km lange, berg- und talreiche *Pandurensteig* nach Passau. *36 km von Kötzting*

BODENMAIS

[109 E5] Der heilklimatische (seit 1992) Kurort (3300 Ew.) gilt als „Perle des Bayerischen Waldes". Erste Siedler ro-

Trenckfestspiele in Waldmünchen

deten bereits um 1300 den Urwald am südwestlichen Fuß des Großen Arbers, Mitte des 15. Jhs. beginnt die Geschichte der Silbergruben. Heute sind Arber, Glasveredelung und Silberbergwerk die Hauptattraktionen des Orts.

▶ SEHENSWERTES

KIRCHE MARIÄ HIMMELFAHRT

Die Pfarrkirche mit achteckigem Anbau wurde Anfang des 19. Jhs. am Marktplatz zum Silberberg ausgerichtet. Das Altarbild ist eine Kopie des Gnadenbilds von Loreto und wird im Juni mit dem Benno-Volksfest gefeiert.

WALDGLASHÜTTE JOSKA

Eine „Erlebniswelt aus Glas" mit Biergarten und hochmoderner Glasschmelzanlage bietet der Glasveredler *Joska Kristall (Mo–Fr 9.15–18, Sa bis 17, Mai–Okt. auch So 11–16 Uhr).* Informative Kurzweil versprechen die *Glashüttenerzählungen* *(Juli–Sept. 11 und 14.30 Uhr). Am Moosbach 1 | www.joska.com*

ESSEN & TRINKEN ÜBERNACHTEN

BAUERS KUTSCHERHÜTTE

Drei großzügige Ferienwohnungen zu günstigen Preisen bei Familie Bauer, außerdem gibt es eine urige Gaststätte mit Hausschlachtung. Teilnahme am Buttern (das Ergebnis dürfen Sie mitnehmen), Streichelzoo, Kutsch- und Schlittenfahrten. *Jahnstr. 9 | Tel. 09924/10 83 | Fax 90 20 99 | €*

FERIENGUT BÖHMHOF ❄

Schönes Panorama bietet das ruhig gelegene Hotel mit Freibad, Sauna und Loipe am Haus. *35 Zi. | Böhmhof 1 | Tel. 09924/943 00 | Fax 94 30 13 | www.feriengut-boehmhof.de | €€–€€€*

HOFBRÄUHAUS

Das Traditionshaus mit bayerischer Küche (*€€*) liegt mitten im Ort und hat Hallenbad, Sauna und Massagepraxis. *150 Zi. | Marktplatz 5 | Tel. 09924/77 70 | www.hotel-hofbraeu haus.de | €€€*

FREIZEIT & SPORT

Ganzjährig Pferde- und Kutsch- bzw. im Winter bei entsprechenden Witterungsverhältnissen Schlittenfahrten mit Verköstigung veranstaltet Familie Weinberger vom *Rosserer Wirt* (*Silberbergstr. 21 | Tel. 09924/13 63 | www.rosserer-wirt.de*). Silberberg-Talstation: *Bogenschießen,* Übungsplatz tgl. 11.30–15.30 Uhr

AUSKUNFT

BODENMAIS TOURISMUS

Bahnhofstr. 56 | Tel. 09924/77 81 35 | www.bodenmais.de

ZIELE IN DER UMGEBUNG

ARBERSEEN [109 E–F 4–5]

Lohnend sind Ausflüge zum 16 m tiefen *Großen Arbersee (www.arber see.com)* mit Seehaus (*Fr geschl.*) und Tretbootverleih oder mit der romantischen *Arberseebahn (Mai–Nov. tgl. ab 9.30 Uhr 7-mal ab Tierpark Lohberg)* zum *Kleinen Arbersee* (bis 10 m tief) mit seinen schwimmenden Grasinseln, seit 1959 Naturschutzgebiet.

GLÄSERNE DESTILLE [109 E5]

Erlebnisgastronomie im Schnapsmuseum im 6 km entfernten Böbrach. *Mai–Okt. Mo–Fr 10–17, Sa/So 10–14, Jan.–April Mo–Fr 10–17, Sa 10–13 Uhr | www.penninger.de*

GROSSER ARBER ★ [109 E4–5]

Der mit 1456 m höchste Gipfel des Bayerischen Waldes *(www.arber.de)* ist heute für Weltcuprennen gut – und für Hochzeiten (auch Auswärtiger). *Insid Tip* Seit dem Winter 2008 gibt es eine Hochzeitsgondel, die Prunkkutsche, die an der Bergbahn eingeklinkt wird und außer in den siebten Himmel zur alten Sesselbahnbergstation, der Eisensteiner Hütte, einem Panorama-Bergrestaurant, schwebt. Dort residiert das Standesamt Bayerisch-Eisenstein. Am Arber sind Deutschlands modernste Mittelgebirgsgondeln und Sessellifte in Betrieb. Schneefans freuen sich über 7 km Piste und die 900 m lange Rodelbahn samt Schlittenverleih.

NATURSCHUTZGEBIET RIESLOCH [109 E5]

Zur wildromantischen Schlucht mit 200 m hohen Wasserfällen mitten im

Hochwald führt der Wanderweg zum Arber. *2 km von Bodenmais*

DEGGENDORF

[112–113 C–D3] Die Wittelsbacherstadt (32 000 Ew.) hat sich heute nicht nur zu ei- nem „Tor zum Bayerwald und zum Osten" an Donau und Autobahnkreuz A 3/92 ent- **wickelt. Sie legt auch als Kreisstadt** die Geschäftigkeit einer Ämter-, Ein- kaufs-, Hafen- und Fachhochschul- stadt an den Tag.

erkennen. Sehenswert ist auch der Barockturm der Grabkirche Peter und Paul. Der *Brunnen der Knödel- werferin* erinnert an die Bürgermeis- tergattin, die 1266 die Böhmen mit Klößen verjagte. Heute sind die Deg- gendorfer Knödl eine Süßspeise.

Der Große Arber ist der höchste Berg im Bayerischen Wald

■ SEHENSWERTES ■

ALTSTADT

Die Altehrwürdigkeit der im 13. Jh. auf einer Keltensiedlung angelegten Stadt ist noch am Stadtturm aus dem Mittelalter und dem Alten Rathaus zu

HANDWERKSMUSEUM UND STADTMUSEUM ★

Beide liegen im aufwendig sanierten Kulturviertel. Das *Handwerksmu- seum (Maria-Ward-Platz 1)* zeigt mit Themenschwerpunkten die Entwick- lung des Handwerks, das *Stadtmu- seum (Östlicher Stadtgraben 28)* setzt sich mit der eigenen Geschichte und z.B. mit der „Deggendorfer Gnad" auseinander, einem sehr blu- tig-dunklen Fleck aus der Vergangen- heit, bei dem es um die Ermordung von Juden wegen eines angeblichen Hostienfrevels geht. *Beide Museen Di–Sa 10–16, So 10–17 Uhr; man muss nur einmal Eintritt zahlen.*

Altstadt von Deggendorf

ESSEN & TRINKEN

GOLDENER ENGEL

Bodenständig-frische Küche gegenüber dem Alten Rathaus, wo sich das Bürovolk mittags verabredet. *Oberer Stadtplatz 16 | Tel. 0991/47 67 | www.goldenerengel-deggendorf.de | kein Ruhetag | €€*

RUDERHAUS

Nahe der Fachhochschule mit Biergarten, Donauterrasse. *Edlmairstr. 14*

| Tel. 0991/77 08 | www.ruderhaus-deggendorf.de | kein Ruhetag | €

ÜBERNACHTEN

HOTEL HÖTTL

Zentral und preiswert ist das Hotel in der Altstadt. *Luitpoldplatz 2 | Tel. 0991/371 99 60 | €*

NH PARKHOTEL

Das gehobene und moderne Haus mit Whirlpool etc. liegt etwas ab vom Zentrum, aber verkehrsgünstig und gleich neben der Stadthalle. *125 Zi. | Tel. 0991/344 60 | Fax 344 64 23| www.nh-hotels.com | €€–€€€*

FREIZEIT & SPORT

ELYPSO

Weltweit einzigartig sind die 25 m langen „Jumper"-Rutschen im Erlebnisbad Elypso. Erdsauna, Schwitzzelt und Teich. *Sandnerhofweg 4–6 | Mo–Fr 10–22, Sa/So 9–21 Uhr | www.elypso.de*

AM ABEND

Angesagteste Disko ist das *Freudenhaus* im City-Center, *Michael-Fischer-Platz.* Im Kulturviertel liegt der *Kapuzinerstadel,* ein kulturelles Veranstaltungszentrum. *Maria-Ward-Platz 10 | Tel. 0991/40 83*

AUSKUNFT

TOURIST INFORMATION

Oberer Stadtplatz | Tel. 0991/296 95 35 | www.deggendorf.de

ZIELE IN DER UMGEBUNG

BOGEN   [112 A2]

Bogen (10 000 Ew.) ist für seine mittelalterlichen Grafen vor allem bekannt, weil ihr weiß-blaues Rautenwappen über Wittelsbacher Verbandelungen zu dem des ganzen Freistaats wurde. Auf einem kontemplativen Kreuzweg gelangen Sie zur ältesten Marienwallfahrtskirche (dreischiffige Hallenkirche) Bayerns 118 m über der Donau auf dem ☸ Bogenberg (432 m) mit Wallanlagen. Der Sage nach geht die Kirche auf ein 1104 angetriebenes Gnadenbild zurück. Hintergrund der rund 500 Jahre alten Wallfahrt ist ein Kerzenopfer zum Schutz vor dem Borkenkäfer. *27 km von Deggendorf*

DATTING [113 E3]

Mit seinen alten Waidlerhäusern steht das ganze bewohnte Dorf unter Denkmalschutz. *17 km von Deggendorf*

FLINTSBACH [113 E5]

Insider Tipp

Das *Ziegel- und Kalkmuseum* gilt als in Deutschland einzigartiges Technikmuseum mit Erlebnisprogramm. Es zeigt auf 400 m^2 die jahrtausendealte Geschichte der Ziegel- und Kalkherstellung in einem Freigelände mit historischen Denkmälern. Außerdem gibt es Sonderausstellungen und Aktionswochenenden (Ziegel gestalten, mauern, dachdecken). Im Mittelpunkt steht ein Brennofen von 1883, der noch bis 1968 in Betrieb war *(April–Okt. Mi, Sa und So 13–17 Uhr | www.ziegel-und-kalkmuseum.de oder nach Anmeldung bei der Gemeinde Winzer | Tel. 08545/ 910 41 | www.marktwinzer.de)*. Winzer (3900 Ew.) hat außerdem eine Sternwarte mit einem Mond- und Planetenturm *(Fr Nov.–Feb. ab 20, März–Okt. ab 21 Uhr | Pledlberg 1 a | www.sternwarte-winzer.de)*. *26 km von Deggendorf*

GRATTERSDORF [113 E4]

Der Hausberg Büchelstein (860 m, Drachenfliegerstartplatz) des 1209 erstmals erwähnten Orts (1400 Ew.)

> BLOGS & PODCASTS

Gute Tagebücher und Files im Internet

> *www.Waidlerblog.de* – topaktuelles und interessantes Sammelsurium an Tipps der Nationalparkverwaltung, von Tourismusorganisationen, Wanderfreaks und einheimischen Waidlern zu Freizeit, Kultur, Brauchtum und Lokalgeschehen

> *www.pnp.de/mitmachen/forum* – Das Leserforum der großen südostbayerischen Tageszeitung „Passauer Neue Presse" beleuchtet niederbayerische, teils lokale Themen.

> *GRUNDFUNK.net* – Podcasts für Ostbayern: Hier geht es vor allem um Netradio, Musik, Konzerte und Bands aus dem Südosten der Republik.

> *Bayern 1 – Toni Laurer* – Der Standesbeamte und Kabarettist Toni Laurer stammt aus Furth im Wald und „nimmt das Leben aufs Korn, wie es aus dem Radio zu ihm kommt" (auf B 1 werktags kurz vor 13 Uhr)

Für den Inhalt der Blogs & Podcasts übernimmt die MARCO POLO Redaktion keine Verantwortung.

gab dem Eintopfgericht Pichelsteiner seinen Namen. Neu für Natur- und Kulturgenuss ist der 12 000 m^2 große, von Mai bis Oktober geöffnete **Insider Tipp** *Skulpturengarten Sonnenwald* mit 60 wechselnden Exponaten internationaler Künstler, Kunstscheune und Blick auf Donautal und Rusel *(Hatzenberg 2 | www.skulpturengarten-sonnenwald.de).*

LALLINGER WINKEL [113 E3]

Gleich nach der Schneeschmelze strömen Naturkundler in die durch Berge abgeschirmte Gegend zur Schneeglöckchenwiese, auf der sich 30 000 weiße Blüten drängeln. Besonders gastfreundlich ist die Region Sonnenwald *(www.region-sonnenwald.de),* Skigebiet, 485 km Wanderwege und Umland vom Brotjacklriegl (1016 m) mit seinem 27 m hohen Fernseh- und Aussichtsturm samt Turmwirt mit **Insider Tipp** *Gipfelterrasse (April–Nov. tgl. 10–18 Uhr | www.turmfan.com),* von der Sie bis ins Passauer Land schauen können. Einer der rührigsten Gastgeber ist der Wirt des *Gasthofs zum Sonnenwald* in *Schöfweg (5 Zi. | Tel. 09908/275 | Mi geschl. | €).* Noch herumsprechen muss sich der bundesweit einzige öffentliche **Insider Tipp** *Feng-Shui-Park* in *Lalling.* Herzstück ist ein Kursee – da darf gebadet werden – in dem knapp sechs Fußballfelder großen Areal mit Zen-Garten an der Straße nach Euschertsfurth. *Mitte März–Okt. | www.lalling.de*

METTEN [112 C3]

Der Markt Metten (4400 Ew.), 1944 Geburtsort von Torwartlegende Sepp Maier, gehört zum 766 gegründeten Benediktinerkloster St. Michael. Die Kirche prunkt in Barock mit einem Altarblatt von Cosmas Damian Asam. Weltruhm besitzt die stuckreiche ★ *Klosterbibliothek* von 1720, deren Gewölbe Herkulesfiguren tragen, mit aktuell 14 000 Bänden. Man braucht zur Benutzung einen Personalausweis *(Führungen Di–So 10 und 15 Uhr | www.kloster-metten.de).* Neu im Kloster ist der 5500 m^2 große Prälatengarten nach der Idee spätbarocker Lustgärten *(April–Mitte Nov. tgl. 9–20, Sommer bis 21.30 Uhr)* mit der 4 m hohen Benediktussäule voll zarter Reliefs. In Metten beginnt der europäische Pilgerweg *Via Nova (www.pilgerweg-vianova.eu).* 5 km von Deggendorf

NIEDERALTEICH [113 D4]

Als Kenner geben Sie sich im Ort (1900 Ew.), wenn Sie wissen, dass alles, was in Niederalteich mit seinem 731 gegründeten Urkloster mit den Mönchen zusammenhängt, mit „ai" geschrieben wird. Die heute als imposantes barockes Gesamtkunstwerk sehenswerte Anlage aus dem 18. Jh. wartet auf mit byzantinischen Messen, dem Gasthaus *Klosterhof* mit **Biergarten** *(Mai–Sept. kein Ruhetag, Okt.–April So abends und Mo* **Insider Tipp** *geschl. | www.klosterhof-niederalteich.de | €)* und **Kloster auf Zeit** für **Insider Tipp** Männer, die beim ersten Mal für zwei Wochen in Klausur gehen. Wer die Erfahrung vertiefen mag, kann die „Woche der Wiederkehrer" nutzen. Info: Ökumenisches Institut der Abtei *(Tel. 09901/20 80 | www.abtei-niederaltaich.de/Kloster_auf_Zeit/Kloster_auf_Zeit.html).* 10 km von Deggendorf

REBLINGER HOF [112 C2]

Die Gemeinde Bernried (5000 Ew.) 13 km nördlich von Deggendorf, von vielen geschätzt wegen des milden Mittelgebirgsklimas, ist inzwischen Ziel nicht nur aufstrebender Deggendorfer: Diese verabreden sich im Reblinger Hof, einem Viersterneho-

Im Wanderzentrum Rusel (Parkplatz Ruselabsatz) beginnt der so genannte GEHsundheitsweg (Rundweg, etwa 2,5 km) mit das Körperbewusstsein schärfenden Stationen wie dem Summfelsen und „Sehen mit den Fußsohlen" (zum Beispiel Moos, Bachkies, Quellwasser). Er führt

Überreich mit Stuck verziert: die Bibliothek im Kloster Metten

tel mit zwei Restaurants. Schwerpunkte sind moderne Südtiroler und regionale bzw. leichte mediterrane Gerichte im Gourmetrestaurant *Schwingshackl's Ess-Kunst*. Die Karte listet 250 Weine auf. *30 Zi. | Rebling 3 | Tel. 09905/555 | Fax 18 39 | www.reblingerhof.de | €€ – €€€*

RUSEL ✺ [113 E2]

Der Hausberg Deggendorfs lockt mit einem Golfplatz und Skigebieten.

über Königstein und Hausstein zum Naturdenkmal ✺ *Gessingerstein* (874 m), einem Vorsprung mit Fernblick bis in die Alpen. *10 km von Deggendorf*

SCHLOSS EGG [112 C2]

Das mittelalterliche Schloss im Wald ist auch ein 2007 renoviertes Hotel *(7 Apartments | Tel. 09905/289 | www. schloss-egg.de | €€)* mit Restaurant und ▶▶ Kunstausstellungen. Es war

2003 Filmkulisse für „Bibi Blocksberg". In der Schlosskapelle kann man heiraten. *8 km von Deggendorf*

ULRICHSBERG ✿　　　[112 C3]
Der Ulrichsberg hoch über der Stadt lockt mit einer Wallfahrtskirche, einem Wirtshaus und gutem Ausblick.

REGEN

[113 E1] Der Name des Luftkurorts (12 000 Ew.) am Schwarzen Regen mit dem Beinamen „Perle am Fluss" unterstreicht die Bedeutung des Stroms. Die Kreisstadt lebt von Handel und Tourismus, bietet allsommerlich ein Inselfest, das immer prachtvoller werdende Pichelsteinerfest mit Feuerwerk, Wasserspielen und Festzug sowie zweijährlich (gerade Jahreszahl) das Volksmusikfest *Drumherum*.

■ SEHENSWERTES ■
GLÄSERNER WALD
Einmalig ist der „Gläserne Wald" an der Burgruine Weißenstein 2 km südlich des Zentrums. Hier stellt der Glaskünstler Rudolf Schmid auf 2000 m^2 bis zu 4,50 m hohe Glasbäume auf, 50 sollen es einmal werden. Den dichtesten Blick auf alle Skulpturen haben Sie vom Parkrand gegenüber dem *Fressenden Haus*. *Insi Tip*

NIEDERBAYERISCHES LANDWIRTSCHAFTSMUSEUM
150 Jahre Bauerngeschichte in einem der modernsten Museen Bayerns. *Schulgasse 2 | tgl. 10–17 Uhr*

ST. MICHAEL
Die Stadtpfarrkirche, erstmals erwähnt 1148, vereint die Stile mehrerer Epochen. Sie beherbergt einen Teil der Pscheidl-Krippe, deren *Insi Tip*

> BÜCHER & FILME
Der Bayerische Wald in Wort und Bild

> **Dann stirb doch selber! | Tote Engel** – Die in Passau bzw. Regensburg spielenden Krimis von Dagmar Isabell Schmidbauer haben viel Lokalkolorit. Die Autorin „will zeigen, dass diese Städte genauso modern sind, wie andere Großstädte".

> **Das schreckliche Mädchen** – BRD 1989, Regie Michael Verhoeven. Lena Stolze spielt die Geschichte der 1994 nach Maryland emigrierten Passauer Autorin Anja Rosmus-Wenninger, geb. 1960, nach. Sie wurde von den Einheimischen wegen ihrer Recherchen über Juden im Nazi-Passau als Nestbeschmutzerin vertrieben.

> **Wildfeuer** – BRD 1990, Regie Jo Baier. Der Film zeigt unsentimental den rauen Lebensweg der rebellischen Wirtstochter Emerenz Meier (Anica Dobra) aus Schiefweg bei Waldkirchen über Passau nach Amerika. Das „Dichterweib aus dem Bayerischen Wald" (1874-1928) ist für Baier eine „Heimatdichterin ohne Heimat".

> **Der Untergang der Stadt Passau** – 1975 geschrieben von Christian Anton Mayer, besser bekannt als Carl Amery (1922–2005): ein Sci-Fi-Klassiker als „kleine nachträgliche Huldigung an den Zauber einer Jugendstadt".

Wildwasser: Kanufahrer auf dem Regen

Stofffiguren zum Teil das Gesicht von Regener Bürgern haben.

ESSEN & TRINKEN ÜBERNACHTEN

BRAUEREIGASTHOF FALTER

Traditionsreiches Wirtshaus mit üppiger Küche und 17 Zimmern. *Am Sand 14 | Tel. 09921/942 30 | www.privatbrauerei-jb-falter.de und www.hotel-ami.de* | €€€

LANDHOTEL MÜHL

Nicht nur Restaurant, sondern auch eine stilvolle Unterkunft ist das Landhotel Mühl 6 km außerhalb. Auch geräumige Apartments. Beim Hütten- und Tanzabend singt der Wirt abends noch wirklich selbst. *33 Zi. | Schweinhütt | Tel. 09921/95 60 | Fax 97 02 32 | www.singender-musikantenwirt.de* | €€

POSCHETSRIED

Gutshof mit Pension: ein ruhiges Quartier – und ein schöner Blick auf die Bergkette. *40 Zi. | Poschetsried 50 | Tel. 09921/880 30 | Fax 88 03 50* | €

WALDFERIENDORF

Ferienhäuser mit bis zu 120 m² Wohnfläche mit offenen Kaminen und Kachelöfen. *Waldferiendorf Regen | Haus Nr. 2 | Tel. 09921/34 21 | Fax 76 17 | www.waldferiendorf-regen.de* | €

FREIZEIT & SPORT

Bootswanderer, Angler, Wildwasserfans kommen am Fluss und dem 2 km langen Stausee ebenso auf ihre Kosten wie Schwimmer, die zudem ein *Freibad (9–19 Uhr)* erwartet. Im Malerwinkel des Waldschmidtparks beginnt der Naturerlebnislehrpfad *Spur zur Natur* für alle Sinne. Wanderer können mit dem beschaulichen Böhmerwaldcourier aus Straubing bis nach Klatovy (Klattau) gelangen *(www.boehmerwaldcourier.de)*.

AUSKUNFT

KURVERWALTUNG

Schulgasse 2 | Tel. 09921/604 82 | www.regen.de. Info über Quartiere, Schneehöhe, Webcambilder: das per WAP-Handy nutzbare Feriengast-Portal *bywald.de*.

ZIELE IN DER UMGEBUNG

BISCHOFSMAIS [113 D–E2]

Der Erholungsort (3200 Ew.) am Fuß des Geißkopfs (1097 m) mit einem der größten Skigebiete Niederbayerns samt Berggasthof und Aussichtsturm. Attraktion ist der Bikepark mit neun Strecken für Mountainbiker *(www.bikepark.net)*.

Autofrei und idyllisch: das *Waldferi-endorf Dürrwies (13 Häuser für 2 bis 14 Personen | Tel. 09920/335 | www. duerrwies.de | €–€€€). 9 km*

Erst Wallfahrtsort, dann Kloster und fürst-liches Schloss: Sankt Emmeram

RINCHNACH [113 F1]

1011 begann der Niederaltaicher Mönch Gunther im Ohetal mit dem Kloster Rinchnach, den mittleren Bayerwald zu besiedeln. Das brachte den Rinchnachern (3300 Ew.) ein, dass sie bis heute hier nur die „Leut' vom Kloster" sind. Ihre barocke Pfarrkirche ist eine der schönsten der ganzen Region. *9 km von Regen*

REGENSBURG

KARTE IN DER HINTEREN UMSCHLAGKLAPPE

[106 A4–5] Vielleicht gibt es sie inzwischen in Regensburg (130 000 Ew.) schon, die Welterbe-Wurst oder das Welterbe-Weekend. Die junge Stadt aus dem Mittelalter mit den Wahrzeichen gotischer Dom (Bistumsgründung 739) und der als Weltwunder bestaunten Steinernen Brücke (1146) kam 2006 auf die Unesco-Liste dringend erhaltenswerter Kultur- und Naturstätten. Ihr von Kriegen und Zeit weitgehend verschonter Stadtkern ist die allerletzte mittelalterliche Großstadt Deutschlands. Heute ist der Universitäts- und Fachhochschulstandort ein Zentrum moderner Industrie. Zugleich aber ist Regensburg ein lebendiges Museum mit Bau- und Kunstdenkmälern vom 2. bis zum 21. Jh.

◼ SEHENSWERTES ◼

ALTES RATHAUS

Heute beherbergt der im ältesten Trakt aus dem 13. Jh. stammende Bau das *Reichtagsmuseum (Führungen Nov.–April Mo–Sa 9.30, 10, 11.30, 14, 15 und 16, So 10, 11 und 12, April–Nov. halbstdl. Mo–Sa 9.30–12 und 14–16, So 10–12 und*

14–16 Uhr) als Dauerausstellung. Im großen Reichssaal geschnitzte Holzdecke von 1408; in den Kellergewölben gab es eine Folterkammer, verbrämend Fragstatt genannt, und Arrestzellen. *Rathausplatz | www.mu seen-regensburg.de/html/reichstagsmu seum.html*

DOM ST. PETER

An der Kathedrale *(Domplatz),* innen und außen fast stilrein, wird seit 1275 gearbeitet, sie ist ein Hauptwerk der Gotik in Bayern: zwei mächtige Türme (105 m), figurenreiche Außenfront, ein Innenraum, der durch künstlerische Werke, Weiträumigkeit und farbige Glasfenster (14. Jh.) besticht. Im Domkreuzgang sehen Sie großartige Grabdenkmäler, im *Domschatzmuseum* (erreichbar durch den Nordausgang) Kostbarkeiten aller Jahrhunderte. Der ganze Domkomplex – unmittelbar neben St. Peter steht St. Ulrich, der spätromanische alte Dom – birgt interessante Kapellen und Baudenkmäler.

SANKT EMMERAM ⭐

Wie das damals so ging: Der Heilige (Emmeram) wird ermordet, der Herzog lässt ihn (685) außerhalb der Stadt beisetzen, plötzlich wird das Grab zur Wallfahrt, und aus der Wallfahrtsstätte erwächst ein Kloster. Das Kloster wurde stark genug, sich vom Hochstift zu trennen; seit 1812 dient es denen von Thurn und Taxis als fürstliches Schloss, das samt Kreuzgang teilweise zu besichtigen ist *(www.thurnundtaxis.de);* beeindruckend: Ballsaal und Bibliothek mit einem Deckenfresko (1737) von Cosmas Damian Asam. *Mitte*

März–Okt. tgl. 11, 14, 15, 16, Sa/So auch 10 und 13, Mitte Nov.–Dez. Sa/So 10, 11, 14 und 15, Nov. auch Mo–Fr 14.30 Uhr | Schatzkammer Jan–Mitte März Sa/So 10–17, Mitte März–Okt. Mo–Fr 11–17, Sa/So ab 10, Mitte Nov–Dez Sa/So 10–17 Uhr | Sankt Emmeramsplatz

ST. JAKOB/SCHOTTENKIRCHE

Der irische Mönch (früher: Skoten) Bruder Mercherdach legte hier um 1040 mit einer Einsiedelei die Keimzelle des Klosters an. Das Hauptportal, das berühmte Schottentor, gehört wegen seiner rätselhaften Steinmetzarbeiten zu den bedeutenden romanischen Werken des Abendlands. Sicher ist, dass der Zyklus Weltgericht, Himmel und Hölle thematisiert. Die zwölf Figuren sind Ausgestoßene. In der strengen Dominikanerkirche zeigt eine Kreuzigungsgruppe aus dem 12. Jh. Christus als Sieger. Hier lehrte Albertus Magnus, Bischof von 1260–62. *Waffnergasse*

Insider Tipp

▶ LOW BUDGET

▶ Die Kegelbahnbetreiber am Ostrand von Straubing haben auch ein Billardzimmer, Biergarten und Kinderspielplatz und sorgen mit 20 Euro pro Doppelzimmer günstig für Nachtruhe *(6 Zi. | Am Peterswöhrd 8 | Tel. 09421/28 27 | www.keglerhalle-straubing.de | €).*

▶ Ideal für Wanderer ist die Kötztinger Hütte in Hohenwarth auf 1000 m Höhe mit 53 Etagenbetten: Übernachtung mit Frühstück für 16 Euro. Es gibt auch sieben Zimmer *(Tel. 09946/290 | €).*

STEINERNE BRÜCKE ⭐

Von 1135 bis 1146 dauerte es, die 336 m lange, geschätzt 100 000 t schwere Brücke mit ihren 16 Rundbögen, von denen noch 15 sichtbar sind, über den beiden Donauarmen zu errichten. Schlecht geht es dem unter Vertrag. Siegte die Brücke, waren dem Teufel drei Seelen versprochen. Es gelang. Der Leibhaftige musste sich jedoch mit einem Gockel, einer Henne und einem Hund begnügen. Am einen Brückenende beherbergt die einstige Brückenbau-

Tagsüber auf der Steinernen Brücke: Imbiss in historischem Ambiente

„missachteten Weltwunder", am schlimmsten setzt der Steinernen das mit Streusalz gesättigte Schmelzwasser zu. 2005 drohte Bogen XII einzustürzen – doch selbst stahlgeklammert scheint sie als Buszubringer von Stadtamhof unverzichtbar. Vielleicht rächt sich aber auch gerade der Teufel, weil der Brückenbaumeister ihn dereinst ausschmierte. Der Sage nach nahm er wegen einer Wette mit dem Dombaumeister, wer sein Werk eher vollenden würde, Satan als Gehilfen

hütte die historische *Wurstküche* (lecker: die Bratwürste und die Kartoffelsuppe), am anderen liegen zwei schattige Biergärten.

■ ESSEN & TRINKEN ■
BRAUEREIGASTSTÄTTE KNEITINGER

Das Traditionsgasthaus mit bayerischen Schmankerln hält auch allerhand süffige Brauereispezialitäten wie das hausgemachte Bocksbier bereit; Vorgeschmack auf *www.knei.de*.

> **www.marcopolo.de/bayerischerwald**

Arnulfplatz 3 | Tel. 0941/524 55 | kein Ruhetag | €

GOLDENES KREUZ

In der zum Kaffeehaus umfunktionierten Hauskapelle des Hotels frühstücken die Einheimischen gern, im Sommer auch draußen, mitten in der Fußgängerzone. *Haidplatz 7 | Tel 0941/558 12 | www.hotel-goldenes kreuz.de | kein Ruhetag | €*

DAMPFNUDEL-ULI

Dampfnudeln, diese luftigen Hefeklopse, halten Uli Deutzer und seine Frau Mama Ingeborg für ein Lebenselixier. Ihre winzige Kochstube (seit 1975) im Baumburger Turm ist legendär; Andenken vieler Promi-Gäste zieren die Wände. *Watmarkt 4, Di–Fr 10–18, Sa 10–15 Uhr*

KNEITINGER GARTEN

Der Biergarten am Ostende des *Oberen Wörth*, gut von der Steinernen Brücke aus zu erreichen, bietet besten Blick auf die Brücke und über das „Bschacht" (Überlauf- und Schutzwehr) auf die Altstadt von Regensburg.

■ ÜBERNACHTEN ■

ALTSTADTHOTEL ARCH

Hotel in einem der prächtigen Patrizierhäuser in der Altstadt. *65 Zi. | Haidplatz 4 | Tel. 0941/586 60 | Fax 586 61 68 | www.altstadthotel-arch. de | €€–€€€*

BISCHOFSHOF

Frühere Bischofsresidenz neben dem Dom mit historischen Gasträumen und Biergarten. *55 Zi. | Krauterermarkt 3 | Tel. 0941/584 60 | Fax*

584 61 46 | www.hotel-bischofshof. de | €€–€€€

MERCURE

Günstiges Hotel mit guter Ausstattung, autobahnnah, 3 km von der Altstadt. *159 Zi. | Grunewaldstr. 16 | Tel. 0941/788 20 | www.mercure.com (Hotelcode 6639) |€–€€*

PARKHOTEL MAXIMILIAN

First Class im Rokokogewand, sehr stilvoll, mit guter Küche und Bars. *52 Zi. | Maximilianstr. 28 | Tel. 0941/ 568 50 | Fax 529 42 | www.maximili an-hotel.de | €€*

■ FREIZEIT & SPORT ■

Jazz-Weekends im Juli und diverse Festspiele *(www.regensburg.de/Ver anstaltungen)* sind hier Kult. Mindestens einen Wander- oder Radeltag wert ist der 2008 eröffnete, 225 km lange Qualitätswanderweg *Jurasteig* mit 17 Schlaufenwegen zu Kunst- und Kulturschmankerln zwischen Kelheim, Regensburg, Schwandorf und Neumarkt *(12 Tagesetappen mit 24,7 bis 26,6 km).* Beim *Reitverein* in Bruckdorf *(Bahnweg 1 | Tel. 0171/ 672 10 25 | Fax 0941/945 51 39 | www.rsv-regensburg.de | Reitanlage Tel. 09404/81 18 | Bus 26)* mit breitgefächertem Unterricht gibt es auch portugiesische Lusitanos, früher Jagd-, heute Barock- und Showpferd. Beide Golfplätze *(Golfclub Regensburg-Sinzing am Minoritenhof | Tel. 568 12 90 | www.gc-sinzing.de)* fordern durch Höhenunterschiede heraus. Der Golf- und Landclub Regensburg *(Thiergarten | Tel. 09403/ 505 | Fax 43 91)* bei der Walhalla hat als Clubhaus ein Jagdschloss.

■ AM ABEND

GALERIE ▶▶

Das Eis- und Musikcafé ist in, Frühstück gibts bis 18 Uhr. *Kohlenmarkt 6 | www.cafe-galerie.de | kein Ruhetag*

OMA PLÜSCH ▶▶

Hier (Schnitzel zum Sattwerden), wo weiter geraucht werden darf und Bundesliga geguckt wird, treffen sich nicht nur Studenten. *Roter-Lilien-Winkel 2 | Tel. 0941/548 89 | So mittags geschl. | €*

THEATER

Elf Theater, darunter zwei Kleinkunstbühnen, bieten Kurzweil, darunter das *Bauerntheater (Wilhelm-Raabe-Str. 1 | Tel. 0941/859 58)*, das älteste *Studententheater* Europas *(Kontakt: Dr. Reinhart Meyer, Tel. 09484/17 71 | www.studententheater. de)*, das *Figurentheater (Dr.-Johann-Maier-Str. 3 | Tel. 0941/283 28, mit Fremdsprachenvorstellungen)*. Kleinkunst wird im *Statt-Theater (Winklergasse 16 | Tel. 0941/533 02)* und in der ▶▶ *Alten Mälzerei (Galgenbergstr. 20 | Tel. 0941/78 88 10 | www.alte-maelzerei.de)* geboten.

■ AUSKUNFT

TOURISTINFORMATION

Altes Rathaus | Tel. 0941/507 44 10 | Fax 507 44 19 | www.regensburg.de

■ ZIELE IN DER UMGEBUNG

BACH [104 C4]

Bach an der Donau gehört zum winzigsten Weinbaugebiet Deutschlands zwischen Regensburg und Wörth, in dem die Domstadt selbst bei Winzer einen Weinberg hegt. Das *Baierwein-Museum* mit Verkostung belegt dessen Geschichte seit den Römern *(Mai–Okt. 1. So im Monat 14–17 Uhr, Weinlehrpfad immer | Hauptstr. 1 a). 27 km von Regensburg*

Inside Tipp

FRAUENZELL [106 C4]

Die Pfarrkirche Frauenzell (Konzerte!), ehedem Klosterkirche Marienzell oder „Unserer lieben Frauen Zell", beeindruckt innen wie außen im „lieben Waldklösterl" unweit von Wiesent. Zwei Einsiedler gründeten 1321 das Kloster, seit der Säkularisation Schule, Pfarrhaus und Privatbesitz. *Führung: Pfarramt Brennberg | Tel. 09484/273. 29 km von Regensburg*

WALHALLA ☀ [106 B4]

358 Stufen sind es zum pantheongleichen Marmortempel bei Donaustauf, den Ludwig I. von Leo von Klenze 1830–42 als Olymp für die klügsten Köpfe des Volks errichten ließ. Heute entscheidet der Ministerrat über Neuaufnahmen (frühestens am 20. Todestag). Die jüngsten Büsten zeigen Sophie Scholl (2003) und Carl Friedrich Gauß (2007). *Tgl. April–Sept. 9–17.45, Okt. 9–16.45, Nov.–März 10–11.45 und 13–15.45 Uhr. 16 km von Regensburg*

WIESENT [107 D4]

Kontrastprogramm zu Barock und Bier: Ein Stück Hannoveraner Expo 2000 lebt seit 2003 im Vorwald. Auf der Martiniplatte in Wiesent steht der Expo-Nepal-Himalaya-Pavillon. Sehenswert der Garten im Steinbruch drumherum mit 1746 Pflanzen aus 397 Arten, die eigentlich auf 4500 m Höhe heimisch sind. *Mai–Sept. So*

Inside Tipp

13–17, Mo 14–17 Uhr | *www.nepal-himalaya-pavillon.de* | *23 km von Regensburg*

STRAUBING

[107 E–F6] Wahrzeichen der Hauptstadt (45 000 Ew.) des Gäubodens, seit 2007 zudem „Wissenschafts-Stadt", ist der fünfspitzige Stadtturm. Er teilt das 600 m lange Stadtherz mit zwei Barockbrunnen und Prachtfassaden von Barock bis Jugendstil in Theresien- und Ludwigsplatz.

■ SEHENSWERTES

BASILIKA ST. JAKOB

Wie das Rathaus der Regensburger steht die spätgotische Backsteinbasilika mit Kapellenkranz für Stärke und Stolz der Bürgerschaft. *Jakobsgasse*

GÄUBODENMUSEUM

Jungsteinzeit, Kelten, Römer, Herzöge und Frömmigkeit prägen die Geschichte von Stadt und Gäuboden. *Fraunhoferstr. 9 | Di–So 10–16 Uhr*

KARMELITENKIRCHE

Als spätgotische Hallenkirche 1700–10 barockisiert, birgt der Sakralbau Grabmäler aus Spätgotik und Renaissance, darunter das der Agnes Bernauer. *Albrechtsgasse*

ST. PETER

So sehenswert das Innere der dreischiffigen Pfeilerbasilika (1180) ist, so lohnend ist ein Rundgang durch ihren Friedhof mit Totentanzkapelle.

STADTBEFESTIGUNG

Das im Jahr 1628 barockisierte Spitaltor des nördlichen Stadtmauer-

Nach dem Vorbild griechischer Tempel gestaltet: die Walhalla

rings und zwei Wehrtürme zeugen von der Befestigung im Mittelalter. Die nordöstlichste Stelle nimmt das *Herzogsschloss* mit Rittersaal und Völkerkundemuseum ein. Auf dem

Dreifaltigkeitssäule in Straubing

Insider Tipp ▶▶ *Weytterturm* (*In der Bürg 1, Fr–So 14–17 Uhr*) nisten Störche, im Innern stellen regionale Künstler ihre Werke aus. Der *Pulverturm* ist heute Mahnmal.

STADTTURM

Der Stadtturm (68 m), fertiggestellt 1393 als Wachturm auf Donau und Feuer, beherbergt seit 1999 ein 26-teiliges Glockenspiel.

SYNAGOGE

Niederbayerns einzige Synagoge feierte 2007 ihr 100-jähriges Bestehen. 2006 brauchte es einen Anbau, weil sich durch Ex-Sowjetbürger die Mitgliederzahl (rund 1700) seit den 1970er-Jahren verzehnfacht hat. *Wittelsbacher Str.*

URSULINENKIRCHE

Die Klosterkirche bewahrt als Brückenschlag vom Barock zum Rokoko das letzte gemeinsame Werk (1736–41) der Gebrüder Asam. *Burggasse*

ESSEN & TRINKEN ÜBERNACHTEN

HOTEL ASAM

Zentral (nahe Bahnhof und Innenstadt) liegt das modernisierte Offizierskasino mit Anbau, das mit Beauty- und Wellnessbereich Dolce Vita großschreibt. Das Restaurant (€–€€) verwebt bayerische und mediterrane Küche. *37 Zi. | Wittelsbacher Höhe 1 | Tel. 09421/78 86 80 | www.hotelasam.de | €€€*

HOTEL NOTHAFT

In Ittling, damit nahe am Golfplatz (2 km) und verkehrsgünstig, liegt das unaufgeregte Haus. *18 Zi. | Ittlinger Hauptstr. 3 | Tel 09421/18 33 90 | www.nothaft-straubing.de | €€*

STADTHOTEL WENISCH

Tradition hat „der Wenisch" (Lokal €–€€) mit Metzgerei, Biergarten und Fahrradwerkstatt im Haus, der auch auf dem Gäubodenfest vertreten ist. *36 Zi. | Innere Passauer Str. 59–61 | Tel. 09421/993 10 | www.wenisch-straubing.de | €€–€€€*

■ AM ABEND ■

HABANA CLUB ▶▶

„Lebe die Nacht!" ist das Motto mit Musik von der Konserve, aber auch life. Es gibt einen Raucherclub *Cohiba*. *Am Platzl 3 | Fr/Sa 21–5 Uhr | www.habanaclub.de*

HAUS KUNTERBUNT

Haus Kubu nennt sich der im Februar 2008 runderneuerte Allrounder, der Cafè, Bistro, Biergarten, Cocktails und Disko *(Fr/Sa)* vereint. *Ludwigplatz 24 | www.haus-kunter-bunt.de | So geschl. | €*

TIEFENRAUSCH

Von der Tauchleidenschaft der Chefin stammt der Name der Club-Location für Heavy Metal, Rock, Indie und andere Konzerte zwischen Platzl/Theresienplatz. *Bernauergasse 1 | Mi–Sa 19–3 Uhr*

■ AUSKUNFT ■

Rathaus | Theresienplatz 20 | Tel. 09421/94 43 07 | www.straubing.de

■ ZIELE IN DER UMGEBUNG ■

MITTERFELS   [107 F5]

Wanderbares Perlbachtal, die *Barockkirche* von 1734, eine Burgruine (12. Jh.) mit *Heimatmuseum (Do und So 14–17 Uhr)* samt Museumsfest (im Herbst) zeichnen den Luftkurort Mitterfels (2500 Ew.) aus. *16 km von Straubing*

WIESENFELDEN   [107 E4]

„Meine Seele lebt im Bayerischen Wald", sagt Naturschützer Hubert Weinzierl und meint damit vor allem diesen Ort (3600 Ew.), wo er mit seiner Frau im Schloss (1648) ein Umweltbildungszentrum eingerichtet hat. *20 km von Straubing*

WINDBERG   [112 A–B2]

Den Ort (1000 Ew.) mit Klosterladen *(Tel. 09422/80 92 30 für Kirchenführungen, Mo–Sa 10–12 und 13.30–17.30, April–Okt. auch So 13.30–17.30 Uhr)* prägt sein mittelalterliches Kloster (1142), in dem seit 1923 Prämonstratenser leben. „Gott umarmt uns mit der Wirklichkeit", ist das Motto der derzeit 30 Chorherren, die auch eine Jugendbildungsstätte führen. Die Klosterkirche hat romanische Portale und Taufstein sowie vier Kulissenaltäre. *23 km von Straubing*

VIECHTACH

[108 C5] Neben Kuriositäten, barockem Rathaus und drei Kirchen ist in dem gut 900-jährigen Luftkurort (9000 Ew.) der Pfahl leicht zu finden, weil bestens ausgeschildert. Und zu feiern verstehen sie auch, mit *Bürgerfest* (Juli), *Volksfest* (August) und *Saitensprung in Vejda,* einem Musik- und Kneipenfestival mit Rock, Pop, Jazz, Klassik und Volksmusik (September). Wenige Wolkenstunden haben dem Ort die deutsche Satellitenbeobachtungsstation eingebracht.

■ SEHENSWERTES ■

FISCHLEDERMUSEUM

Mit Dokumenten über die Verarbeitung von Fischhaut zu Kleidungsstücken und Kult- und Gebrauchsgegenständen der Nanai, Ureinwohner Sibiriens, gedenkt der Museumsdirektor seiner Vorfahren. *Ringstr. 3 | Mo–Sa 10–17 Uhr*

GEWÖLBE DER GEHEIMNISSE

Die altägyptische und griechische Raritätensammlung im ältesten Haus der Stadt, dem Bürgerspital (1432), umfasst 400 Exponate (Repliken). *Spitalgasse 5 | April–Okt. Di–So, Nov.–Feb. Fr–So 10–17 Uhr | www. ge-woelbe.de*

steingrotte machen diese Sammlung aus. *Mo–Fr 9–18, Sa/So 10–16 Uhr (Febr./Nov. So geschl.) | Linprunstr. 4 | www.kristallmuseum.de*

NOSTALGIEHAUS

Zur Reise durch die Jahrhunderte lädt das Sammelsurium von Hobby-

Bei Viechtach wächst der Große Pfahl eindrucksvoll aus dem Boden

GLÄSERNE SCHEUNE

Von außen ist der Lebenstraum des Glaskünstlers Rudolf Schmid gemauert. Doch innen bemalt er 200 m² Glas- statt Holzwände mit Motiven aus Bayerwald-Sagen. *Rauhbühl | April–Sept. 10–17, Okt. 10–16 Uhr | www.glaeserne-scheune.de*

KRISTALLMUSEUM

Über 1000 Kristalle, der Quarz-„Pfahl", Heilsteine und eine Edel-

restaurator Michael Irlbeck samt Druckereitrakt, Schratzlkeller und Hinterhof mit Seerosenteich. *Juni–Okt. So–Fr 10–16, sonst Mo–Fr 10–15, Sa 10–13, So 10–15 Uhr | Bäckergasse 18 | www.nostalgie-haus.de*

PFAHL ⭐

Imposant tritt nordöstlich der Stadt (Schutzgebiet Großer Pfahl) das bis ins Mühlviertel 140 km lange, bis 300 Mio. Jahre alte Quarzriff 35 m hoch zu Tage, Bei den Einheimischen heißt der Pfahl die *Teufelsmauer.* Südlich davon, bei der Antonius-Kapelle, liegt ein Kreuzweg mit 14 Steinkreuzen in der Schutzzone *Kleiner Pfahl.*

ESSEN & TRINKEN ÜBERNACHTEN

CAFÉ HINKOFER
Alter Familienbetrieb mit modernem Angebot von Konditorei über Kleinkunst und Bistro bis Wachstöckelkabinett (Museum über Wachs und Honig). *Ringstr. 7 | So/Mo abends geschl. | €*

LANDHOTEL MIETHANER
Idyllisches Haus beim See mit Vollwertkost und Allergikernische. *35 Zi. | Höllensteinsee 13 | Tel. 09941/ 95 30 | Fax 95 31 99 | www.landhotel-miethaner.de | €€*

SCHMAUS
„Gourmet-Verwöhnhotel" mit Dachhallenbad (!) und Feinschmeckerküche. *41 Zi. | Stadtplatz 5 | Tel. 09942/941 60 | Fax 94 16 30 | www.hotel-schmaus.de | €€*

SEEBLICK ☆
Das Ausflugslokal mit Terrasse thront überm Höllensteinsee. *Tel. 09941/84 00 | kein Ruhetag | €*

S'KAA ►►
Frühstück, Mittagskarte, Kuchen, abends Cocktails und Musik bietet diese Allroundkneipe, die irgendwann hinter dem letzten Gast zusperrt. *Stadtplatz 13 | Tel. 09942/ 80 85 49 | www.bistro-skaa.de | kein Ruhetag | €*

AUSKUNFT

TOURISMUSVERBAND
Stadtplatz 1 | Tel. 09942/16 61 | Fax 61 51 | www.viechtach.de

ZIELE IN DER UMGEBUNG

GEIERSTHAL   [109 D6]
Die Urlaubsgemeinde (2300 Ew.) bewältigt mit 600 Betten 50 000 Übernachtungen im Jahr. Auf dem Schlossberg wacht die ☆ *Ruine Altnussberg* mit Aussichtsturm, Museum, in dem Trauungen möglich sind, und *Burgschenke (Mo geschl.); www.geiersthal.de* zeigt das 360-Grad-Panorama. *9 km von Viechtach*

NEUNUSSBERG   [109 D5]
Teilerhalten sind Burg (1309) samt Turm auf einer Kuppe (696 m) im Regental. Im Juli/August weckt das Festspiel zum Böckleraufstand (1468) gegen Herzog Albrecht IV. die Ruine aus dem Schlaf. Sie gehört dem Bayerischen Wald-Verein und ist frei zugänglich. *5 km von Viechtach*

SANKT ENGLMAR ☆   [108 C6]
Der Luftkurort (1500 Ew.) ist dank Pröller (1048 m) seit den 1970ern Wintersportzentrum mit Flutlicht *(Mo–Sa 18–22 Uhr)* auf sieben Pisten. Die Historienprozession *Englmari-Suchen* zum Kapellenberg gilt am Pfingstmontag dem Ortspatron, der im Winter von einem Begleiter erschlagen und erst an Pfingsten gefunden wurde. Familienfreundlich ist das *Apart-Hotel* mit Freizeithalle *(8 Apartments, 29 Ferienwohnungen | Predigtstuhl 2 | Tel. 09965/981 | Fax 14 65 | www.apart-hotel-predigtstuhl.de | €€).*

> TRADITION UND MODERNE

Diese Region voller Poesie
ist geprägt von Kultur, Kirchen und Konsum

> **Im Unteren Bayerischen Wald geht die finstere Heimat der Glasmacher in das Abteiland über. Kultiviert und für Siedler reizvoll machte diese Gegend erst der mittelalterliche Handel mit Salz und Glas auf den Goldenen Steigen nach Böhmen.**

Heute ist es der lieblichste und aufgeschlossenste Landstrich am Nationalpark. Das mag mit an seiner Öffnung nach Süden liegen, dem Einfluss des reichen Rottals und dem gründlich etablierten Fremdenverkehr. Auch die Bemühungen Passauer Studierender, die seit 1978 die barocke Bischofsstadt bevölkern und nicht nur die Kneipenszene wach gerüttelt haben, trägt längst ebenso für Urlauber Früchte.

Der Name Abteiland weist auf die Passauer Fürstbischöfe als einstige Regenten hin. Die burgenbewehrte Ilz war bis zur Säkularisation 800 Jahre lang der Grenzfluss zwischen Bayern im Westen und dem fürstbi-

Bild: Wald am Dreisessel

UNTERER BAYERISCHER WALD

schöflichen Land. 65 km lang ist diese „Schwarze Perle", die ihren Namen dem von viel Humussäure dunklen Wasser verdankt und wieder als Heimat für Flussperlmuscheln taugt. Überall treffen Sie auf freundliche Dörfer mit schmucken Kirchlein, liebliche Gegend mit Weiden, mit murmelnden Bächen, malerischen Seen, im Umland von Hauzenberg aber auch auf wie kolossale Baustellen anmutende Brüche für Granit und auf überwältigende Panoramen und Bilderbuch-Bauernland in der „Neuen Welt", im (Adalbert-) Stifter-Land um Breitenberg und Lackenhäuser. Dass Sie sich einer konsumträchtigen Stadt nähern, merken Sie am dichter werdenden Straßenverkehr vor deren Toren.

Auf die Zahl 3 trifft man oft: Hier liegt das seit 2008 grenzkontrollenlose Dreiländereck mit Österreich und der Tschechischen Republik, hier gibt es den Dreisessel (1330 m, Granitmassiv), die Dreiflüssestadt, das Bäderdreieck und das Dreiburgenland. Man sprach bis zum Ersten Weltkrieg auch von den drei Waldschlössern. Das sind die Saldenburg (1368), sie heißt hier Waldlaterne und ist heute eine Jugendherberge *(www.saldenburg.jugendherberge.de),*

(658 m) im Bayerischen Wald, dazu die östlichste Bayerns. Der Name des Orts geht auf die Besiedlungsstrategie des fürstbischöflichen Landesherrn zurück, der hier um 1300 keinen Zehnt verlangte. Davon also befreit, zogen die Neubürger „in die Freyung". Bis auf den Stadtbrand 1872 verlief die Geschichte der Gar-

Lust auf ein schattiges Plätzchen: weidende Kühe am Waldrand

sowie die im 11. Jh. erbauten Burganlagen Fürstenstein und Englburg. Einst Adelssitz, heute Hotelpension, begann diese schon Mitte des 19. Jhs. ihre Karriere als eine der ersten Sommerfrischen.

FREYUNG

[114–115 C–D1] Die Kreisstadt Freyung (7000 Ew.) ist die höchstgelegene Stadt

nisons-, Dienstleistungs- und Kurstadt am Goldenen Steig wenig aufregend. An den Ursprung erinnert, dass Einheimische bis heute „in da Freyng" wohnen. Sie können die abwechslungsreiche und außer von einigen Betonbettenburgen kaum verschandelte Landschaft auf vier Hauptrouten (gesamt 145 km), in einem Nordic-Walking-Park und auf Erlebnistouren erwandern.

> *www.marcopolo.de/bayerischerwald*

◼SEHENSWERTES◼

PFARRKIRCHE
MARIÄ HIMMELFAHRT

Wie das Rathaus brannte 1872 auch die Kirche ab. Nur Pfarrhof und Schramlhaus, heute Museum, blieben verschont. Die Bürger ließen sich nicht entmutigen, bauten ihre Stadt wieder auf und haben deshalb ein neugotisches Gotteshaus (1874) mit sakralen Schätzen. *Stadtplatz*

SCHLOSS WOLFSTEIN

Das Renaissanceschloss thront auf einer Quarzsäule des Pfahls. Aus dem Jagdschloss der Bischöfe ist ein Kulturtempel mit Galerie heimischer Künstler und Jagd- und Fischereimuseum geworden. *Wolfkersteig 1 | Di–So 10–17 Uhr*

WOLFSTEINER HEIMATMUSEUM

Das Schramlhaus hat den Stadtbrand 1872 überlebt und ist deshalb als ältestes Bauernhaus eines der letzten Zeugnisse von früher. Es dokumentiert Heimatgeschichte mit Gerätschaft und Trachten, Hinterglasmalerei und Mobiliar. *Abteistr. 8 | Juni–Sept. Di–Fr 14–17, Sa 10–12, Dez– Juni Di und Do 14–17, Sa 10–12 Uhr | www.freyung.de*

◼ESSEN & TRINKEN
◼ÜBERNACHTEN

DANIBAUER ▶▶

Der Vierseithof ist auch bei den Einheimischen beliebt mit seiner regionaltypischen Küche samt hausgebackenem Brot und Kuchen sowie dem idyllischen Biergarten. *8 Zi. | Falkenbach 2 | Tel. 08551/42 83 | Fax 91 00 93 | www.danibauer.de | Hotel €, Restaurant (Mo/Di geschl.) €€*

GLASERHOF

Der stattliche Glaserhof in einem der ursprünglichsten Orte ist besonders familienfreundlich. *4 Ferienwohnungen (2–6 Pers.) | Grainet, 10 km östlich von Freyung, Unterseilberg 6 | Tel. 08585/270 | Fax 96 21 30 | www.franzlbauer.de | €*

LANDGASTHAUS SCHUSTER

Verfeinerte heimische Küche und gute Weine. Exquisit: Kochkurs für 160 Euro mit anschließendem Speisen für zwei Personen. *Im Stadtteil Ort | Tel. 08551/71 84 | www.land*

MARCO POLO HIGHLIGHTS

★ **Oberhausmuseum**
Ausstellungen zu interessanten Themen werden in der Veste Oberhaus in Passau glänzend präsentiert (Seite 63)

★ **Museumsdorf**
Ein Freilichtmuseum bei Tittling zeigt bauliche und bäuerliche Traditionen und Lebensweisen (Seite 71)

★ **Erlebnispark Gabreta**
Erlebnispark um eine 3000 Jahre alte Keltensiedlung (Seite 59)

★ **Buchberger Leite**
Dramatische Wildbachklamm unter Naturschutz (Seite 58)

★ **Dom St. Stephan**
Das beherrschende Bauwerk in der Altstadt von Passau (Seite 60)

gasthaus-schuster.de | So abends und Mo geschl. | €€€

■ FREIZEIT & SPORT ■

Von Frühjahr bis Herbst interessant: *Tennis,* geführte *Wanderungen* in jeder Gemeinde, *Reiten* und geführte Rennrad- und Mountainbiketouren *(Fahrradshop Seibold, Tel. 08551/16 50).* Im Winter *Skischulen, Langlauf, Eisstockschießen, Kunsteishalle, Rodelbahnen.* Richtig Ski fährt man am besten in Mitterfirmiansreut, ein Tipp für Skilangläufer sind die schneesicheren Haidelloipen bei Grainet. *Kutschfahrten* gibts bei *Aloisia Binder (Kreuzberg | Tel. 08551/22 68)* und am *Sammerhof* in *Winkelbrunn (Tel. 08551/14 87 |www.sammerhof.de).* Im *Nordic Fitness Sports Park* finden Sie sechs Nordic Walking Trails mit 42 km beschilderten Strecken, zum Teil auch im Winter begehbar.

Insider Tipp

■ AM ABEND ■

Folklore und Vorträge bietet die Stadt im *Kurhaus,* wo sich auch gleich das Kino *Royal (Tel. 08551/91 66 00)* be-

findet. Zu Tanzabenden bittet das Restaurant *Geyersberg (Geyersberg 34, Tel. 08551/583 88).* Junge Leute gehen ins *Extreme (Schulgasse 7 | Di und Do–Sa 21–4 Uhr).*

■ AUSKUNFT ■

TOURISTINFORMATION

Im Kurhaus | Tel. 08551/58 81 50 | Fax 58 82 90 | www.freyung.de

■ ZIELE IN DER UMGEBUNG ■

BUCHBERGER LEITE ★ [114 C1]

Niemand kann sich dem Zauber der Wildbachklamm entziehen, die beginnt, wo der Rundwanderweg von Freyung endet. Der Weg, den Quarzformationen des Pfahls säumen, folgt dem Saußbach, dem Reschbach und der Wolfsteiner Ohe zu einem der schönsten Geotope Bayerns. Das Wildwasser hat eine bis 100 m tiefe Schlucht aus den moosgrünen Granitblöcken herausgespült. Ein in den Fels gesprengter Weg mit Tunneln führt in einer Tageswanderung auf der oberen Buchberger Leite zum aufgelassenen Karbidwerk *Buchbergmühle* über *Aigenstadl* und *Falkenbach* zurück nach Freyung. Geübte gehen bis *Ringelai* (Rückweg rund 3 Std.). Am Fuß des Naturschutzgebiets liegt der Hotelgasthof *Landhotel Koller* (vormals Wolfsteiner Ohe) mit Hallenbad und Wellnessbereich *(28 Zi. | Ringelai, Perlesreuter Str. 5 | Tel. 08555/970 00 | Fax 82 42 | www.landhotelkoller.de | €€).*

KREUZBERG [114 C1]

Nicht Berlin, sondern die hl. Anna, Schutzpatronin für eine gute Ehe und etliche Handwerkszünfte, fällt den

Nostalgischer Spaß: Pferdeschlittenfahrt

Hiesigen zu Kreuzberg ein. Die im Kreis auf einem Berg angeordneten Häuser und strahlenförmig auf die Kapelle zulaufende Wallfahrtswege machen das Dorf zur Sehenswürdigkeit. *4 km von Freyung*

PERLESREUT [114 B2]

Der Name des aparten Markts (3000 Ew.) zwischen Ilz und Wolfsteiner Ohe, von dem man eine weite Fernsicht ins Hinterland haben kann, deutet an, dass er für die Fürstbischöfe Sitz eines Perlenamts zum Überwachen der Bergbach-Perlfischerei gewesen sein soll. Keine Silbe weist auf den Schnupftabak hin, für dessen Manufakturen Perlesreut seit 1893 bekannt ist. Immer am dritten Juliwochenende feiern sie hier das Schmalzlerfest und wetteifern, wer eine große Pries' am schnellsten wegschnupft. Am Marktplatz wartet das stilvolle *Hafner-Wirtshaus (Tel. 08555/699 | Mi geschl. | €€€)* mit sehr guter Küche – probieren Sie gebackene Kalbshaxenscheiben mit grüner Sauce. Teil des Pandurensteigs ist der Wanderweg hinab ins Ilztal und zur Ruine Dießenstein. *13 km von Freyung*

RINGELAI [114 C1]

Tief unterhalb der B 12 versteckt sich an der Wolfsteiner Ohe Ringelai (2100 Ew.). Hier ist, im Weiler Lichtenau, die Welt der Kelten lebendig – im archäologischen ⭐ *Erlebnispark Gabreta*. Das älteste der für 2 Mio. Euro rekonstruierten Gebäude ist ein urnenfelderzeitliches Haus (12.–9. Jh. v. Chr.), das größte ein dreischiffiger Ständerbau mit Schilfdach *(Feb. Fr–So 9.30–16.30, ab März*

Di–So 10–18 Uhr | www.gabreta.de). Auch Kultur, aber anderer Art, ist die *Mund-und-Art-Bühne (Tel.08583/ 24 47 | www.mund-und-Art.de),* ganzjährig im Theaterstadel des Hotels *Groß (30 Zi. | Dorfstr. 22 | Tel. 08555/258 | www.hotel-groß.de | €).*

Beliebte Souvenirs: bunt verzierte, mundgeblasene Schnupftabakgläser

Einen Besuch wert ist die barocke Pfarrkirche *Patrona Bavariae*. Lohnende Wanderungen sind die zur Buchberger Leite (2,5 Std.) und zu Ringelais höchstem Punkt, dem *Geistlichen Stein* (731 m), z. B. auf dem *Hexenpfad* (3 Std. für Geübte, nichts für Sandalen). Wer Uriges sucht, wird im kinderfreundlichen Denkmal *Kräuterhof* in *Eckertsreut* (2 Ferienwohnungen | Tel. 08555/

609 | www.ohetal.de | €) mit Kräuter- lehr- und Biergarten, Hofladen und Streichelzoo fündig.

SCHÖNBERG [114 A1]

Attraktiv ist der schöne Marktplatz mit seinen Bürgerhäusern. Panoramablick vom *Reinsberger Kurpark.* Im Loher Waldgebiet liegt ein 50 t schwerer Granitblock. Wer stark ist wie zehn Pferde, kann ihn zum Wackeln bringen. *25 km von Freyung*

PASSAU

KARTE IN DER HINTEREN UMSCHLAGKLAPPE

[117 E–F2] Passau (50 000 Ew.) schillert. Globales Wirtschaftsgeflecht, Rhein-

Main-Donau-Wasserweg und die Studierenden haben das konservative Provinznest seit den 1980er-Jahren wachgeküsst. Heute ist Passau eine multikulturelle Stadt mit moderner Verwaltung. Unübersehbar bleibt die facettenreiche, 2000-jährige Vergangenheit der Domstadt am Zusammenfluss von Inn, Donau und Ilz, was ihr die Beinamen „Dreiflüssestadt" und „Venedig Bayerns" eintrug. EU-Osterweiterung und Wegfall der Grenzkontrollen zu Österreich und Tschechien lassen die junge Universitätsstadt heute am Nabel von Europas Wirtschaftsleben liegen. Das Zentrum wird als „Neue Mitte" mit Geschäftsturm, Parkhaus, Busbahnhof, Großkino, Brunnen, Park und schicker Stadtgalerie durchgestylt.

■ SEHENSWERTES ■

Familiär sind die kompetenten *Stadtführer (ab Domportal, Mai–Okt. tgl. 14.30, Mo–Sa auch 10.30, Nov.– April Mo–Sa 12, Dez. 12.30, So 13 Uhr)*, ein Erlebnis die *Stadtfuchs- Touren* mit kostümierten Schauspielern *(Tel. 0851/458 92 | www.stadt fuchs-passau.de).* Sinnvolle Ergänzung: *Schifferl-Dreiflüsserundfahrt (Tel. 0851/92 92 92).*

DIÖZESANMUSEUM

Im Stephansdom gleich vorne rechts geht es über eine Wendeltreppe zur Schatzkammer der Fürstbischöfe nebst Videothek und Schautafeln (auch über Neue Residenz erreichbar). *Mai –Okt. Mo–Sa 10–16 Uhr*

DOM ST. STEPHAN ★

Die Mutterkirche des Wiener Stephansdoms ist ein Wahrzeichen Passaus, wie sie da über der Altstadt thront. Chor, Querhaus und Vierungsturm sind spätgotisch, das Langhaus ist der größte Barockdom nördlich der Alpen. Engelsbeine ragen in der Vierungskuppel neben dem Fenster aus dem Bild: Barockillusion des Malers Tencalla, ebenso wie die Hand auf der Balustrade links

Insider Tipp

schöfliche Sommerschloss in Hacklberg mit einem Rokokogarten in einem Englischen Park 1785 Auftragsarbeit von Kardinal Josef Graf von Auersperg.

GLASMUSEUM
Die von Rotel-Tours-Erfinder Georg Höltl zusammengetragenen über

Eines der Wahrzeichen von Passau: der Dom St. Stephan

am nördlichen Seitenportal. Schwelgen Sie in einem Konzert auf der weltgrößten katholischen Kirchenorgel *(Mai–Okt. und Weihnachtswoche Mo–Sa 12–12.30, Mai–Okt. auch Do 19.30 Uhr | Dauer bis 1,5 Std.).*

FREUDENHAIN
Heute Gymnasium mit Augenmerk auf musikalische Talente, war das frühklassizistische, einst fürstbi-

30 000 Exponate böhmischer Glaskunst aus 250 Jahren im Hotel *Wilder Mann* sind die weltweit größte Sammlung dieser Art. *Tgl. 13–17 Uhr | www.glasmuseum.de*

HALS
Ehedem beherrschte ein Grafengeschlecht den Markt. Die Burg ist verfallen, am Marktplatz ist das Rathaus mit Pranger erhalten. Hier kompo-

nierte Franz Lehár „Wiener Frauen". Landleben in der Stadt zeigt der Spaziergang nach Hals entlang dem rechten Ilzufer. Malerisch: der Weg vom Hofbauerngut (Naturbad) zur Triftsperre.

KLOSTERKIRCHE NIEDERNBURG

Das Kloster (888 erstmals erwähnt) nahe der Ortspitze erlebte seine Blütezeit ab 1010 als Reichsabtei. Es litt sehr unter den Stadtbränden 1662 und 1680: Von den drei Klosterkirchen ist die Hauptkirche St. Pantaleon und Hl. Kreuz übrig; die Parzkapelle hütet das Hochgrab der hl. Gisela, einst Äbtissin und erste Königin von Ungarn. Heute führen Englische Fräulein hier eine Mädchen-Realschule und ein Gymnasium. Sehenswert: romanische Fresken und das romanische Portal, früher in der Marienkirche, nun in der Aula der Schule. *Klosterwinkel*

Insider Tipp

MUSEUM MODERNER KUNST

Künstlern von Weltrang widmet sich die Stiftung Wörlen in der Altstadt auf drei Etagen am Donaukai. Flussseitige Fenster bieten tolle Sicht auf die Vesten samt Hängebrücke. *Bräugasse, Di–So 10–18 Uhr | www.mmk–passau.de*

NEUE-MITTE-TURM

Das architektonisch wie farblich heiß diskutierte, 38 m hohe, granitschiefergrüne Bauwerk sollte eigentlich noch höher werden. Nun bietet jedenfalls ein Café im obersten Stock unschlagbare Rundumaussicht; an den innseitigen Tischen herrlicher Blick auf Altstadt und Innmündung.

Insider Tipp

OBERHAUS

Die Veste Oberhaus wurde ab 1219 als Trutzburg der Fürstbischöfe er-

Am Zusammenfluss von Donau, Inn und Ilz liegt die Dreiflüssestadt Passau

richtet. 1298, 1367 und 1387 erhoben die Bürger sich gegen den Bischof. Friede kehrte 1443 mit einem Schiedsspruch ein, durch den die Passauer die bischöfliche Oberherrschaft anerkannten. Erst die Säkularisation brachte 1803 ein neues Stadtrecht: die bürgerliche Selbstverwaltung.

OBERHAUSMUSEUM ⭐

Überregional populäre Themenausstellungen über den Salzhandel (Weißes Gold), Zunft und Handwerk, Böhmerwald, Feuerwehr und mehr wird hier gezeigt; Filiale der Staatsgalerie. Gleich oberhalb von der ✺ Batterie Linde haben Sie den wohl besten Blick auf die Stadt. Ein Bus pendelt ab 10 Uhr halbstündlich zwischen Rathausplatz und Georgsberg. *Mitte März–Mitte Nov. Mo–Fr 9–17, Sa/So 10–18 Uhr | www.ober hausmuseum.de*

RATHAUS

Das Rathaus mit Bayerns größtem Glockenspiel musste drei Mal gegründet werden. Es war im langen Kampf der Bürger gegen den Fürstbischof erstmals 1298 aufständisch ertrotzt und sogleich vom Oberhaus kanoniert worden. Fresken des Historienmalers Ferdinand Wagner (1890) in den Rathaussälen illustrieren die Stadtgeschichte. *Schrottgasse*

RESIDENZ

Am Residenzplatz im Barockbau der Neuen Bischöflichen Residenz (1771) lohnt schon das Rokoko-Stiegenhaus einen Blick. Die Alte Residenz in der Zengergasse, die Residenz- und Domplatz *(Di/Fr Wochenmarkt, 7–13 Uhr)* verbindet, ist heute Landgericht.

RÖMERMUSEUM

Das kleine, aber feine Museum auf den Fundamenten des Kastells Boiotro liegt versteckt in der Innstadt. *Ledererergasse | März–Nov. Di–So 10–12 und 14–16, Juni–Aug. ab 13 Uhr | www.archaeologie-in-ostbayern.de*

WALLFAHRTSKIRCHE MARIAHILF ✺

Ein weiteres Wahrzeichen Passaus ist die 1624–27 erbaute Kirche am rechten Innufer. Was wie ein senkrecht zum Kloster führender Balken aussieht, ist das Dach über die 321 Stufen der Wallfahrerstiege. Hier haben Sie einen schönen und umfassenden Blicke auf die Stadt.

■ ESSEN & TRINKEN ■

ALTES BRÄUHAUS

Ochsenfetzerl und deftige Pfandl-Gerichte bietet das junge und doch

urbayerische Lokal an der Hängebrücke. Mit Kabarett- und Liederabenden und Straßentischen. *Tel. 0851/ 490 52 52 | kein Ruhetag | €*

CAFÉ MUSEUM ▶▶

Insider Tipp

Jazzkneipe mit Sonnenterrasse am Donaukai: Die Künstlerszene trifft sich im familiären Café des MMK. *Bräugasse 17 | www.cafe-museum.de | kein Ruhetag*

GRÜNER BAUM

Biowirtshaus mit Zertifikat: Gen Österreich ausgerichtete, ausgefallene Landhauskost; kleine Wirtsstube und Straßenschenke. *Höllgasse 7 | Tel. 0851/356 35 | €–€€*

HACKLBERGER

Platz für 1000 Gäste im Schatten großer Bäume bietet der Biergarten vom Bräustüberl der bischöflichen Brauerei; deftige bayerische Gerichte. *Bräuhausplatz 7 | Tel 0851/ 583 82 | www.hacklbergers.de | kein Ruhetag | €*

STIFTSCHENKE

Insider Tipp

Sehenswertes Ambiente im Kellerlokal; erlesene Stiftsweine und der versteckt-verträumte Gastgarten runden die gediegene Kost ab. *Heiliggeistgasse 4 | Tel. 0851/26 07 | www.stiftskeller-passau.de | Mi geschl. | €€*

ZUR TRIFTSPERRE

Insider Tipp

Familiär-schlichte Pension im Naturschutzgebiet *Halser Ilzschleifen* mit Sonnenterrasse und Biergarten, den auch die Passauer wegen der Forellen gern ansteuern. *24 Zi.| Tel. 0851/ 511 62 | Mo geschl. | €*

■ ÜBERNACHTEN

ATRIUM ♫

Wo niemand ein Hotel, und schon gar kein architektonisch beeindruckendes Haus erwartet: in einer Serpentine zum Oberhaus. Hier frühstücken (10 Euro) auch Passauer. An der Rezeption stehen Sie auf einem Aquarium! *49 Zi. | Neue Rieser Str. 6 | Tel. 0851/988 66 88 | www.atrium-passau.de | €€–€€€*

JUGENDHERBERGE

Gehört zur Veste Oberhaus, 2001 generalsaniert. *Oberhaus 125 | Tel. 0851/49 37 80 | Fax 493 78 20 | jhpassau@dhj-bayern.de*

ROTEL-INN

Deutschlands erstes Kabinenhotel am Donauufer beim Bahnhof. *Mai–Okt. | 100 Zi. | Tel. 0851/451 60 | Fax 451 61 00 | www.rotel-inn.de | €*

RESIDENZ ♫

Als Hotel garni modern geführtes Haus an der Donau. *49 Zi. | Höllgasse 16–18 | Tel. 0851/98 90 20 | www.residenz–passau.de | €€–€€€*

■ AM ABEND

Die Wahl fällt nicht leicht zwischen Bars, Pubs, Tanzlokalen, drei Kinos, darunter *Cineplex (Tel. 0851/ 988 35 50),* dem *Scharfrichterhaus* (siehe S. 70) dem *Landestheater Niederbayern (www.suedostbayerisches-staedtetheater.de)* und bis in die Nacht geöffneten Fitnesstempeln.

■ AUSKUNFT

PASSAU TOURISMUS E. V.

Rathausplatz 3 | Tel. 0851/95 59 80 | Fax 572 98 | www.passau.de

> *www.marcopolo.de/bayerischerwald*

■ ZIELE IN DER UMGEBUNG ■

ALDERSBACH [116 B2]

Der schlichte Eingang zur Klosterkirche der mittelalterlichen Zisterzienserabtei (1146), heute Pfarrkirche, lässt den geschnitztem Hochaltar und das Deckengewölbe umso eindrucksvoller wirken. Die Gebrüder Asam den Umbau (1705–34) und schufen

Ein Kulturkreis nahm sich ihrer ab 1978 an. In der Zweigstelle des *Bayerischen Nationalmuseums (Mittelalter, Neuzeit | Di–So 11–17 Uhr | www.kloster-asbach.de)* werden auch Kulturabende veranstaltet. *Klosterhof St. Benedikt* heißt das bodenständige Restaurant *(Tel. 08533/18 59 | kein Ruhetag | €)* im Hotel *Kloster*

Das Scharfrichterhaus ist eine Institution in Passau

ein unvergleichliches Werk im frühen Rokoko. Einkehr hält man im Auditorium, heute Bräustüberl. Im Schatten der Klostermauern befindet sich überdies ein *Biergarten (www.aldersbacher.de)*. 25 km von Passau

ASBACH [116 C4]

Im Unteren Rottal erzählt die schlichte Benediktinerabtei Asbach eine bald 1000-jährige Geschichte.

Asbach (24 Zi. | Tel. 08533/20 40 | €–€€). 30 km von Passau

BÄDERDREIECK

Bad Füssing [117 D5], Bad Griesbach [116 C4] und Bad Birnbach [116 B4] bleiben als Bäderdreieck, angereichert mit Golf und Gastronomie, Dauermagnet für Familien und Kurgäste. Die Wellnesswelle hat das leicht fade Kurangebot der wärmsten und größten Thermen Europas nahezu perfektioniert. Griesbach bietet ein türkisches Bad, das *Hamam (Di Frauentag | www.wohlfuehltherme. de)*. Füssing gibt mit Spielkasino mitten im Kurpark das Weltbad. Perle im Meer der Übernachtungsangebote ist das Fünfsterne-Golfhotel *Maximilian (222 Zi. | Kurallee 1 | Tel. 08532/ 79 50 | €€€). 30 km von Passau*

Insider Tipp

JOCHENSTEIN [115 E5]

Der Weiler am Donauradweg Passau–Linz–Wien hat eine Schleuse, ein Kraftwerk – und das Umwelterlebniszentrum *Haus am Strom* mit dem weltweit einzigen mit Wasser (aus der Donau) betriebenen Aufzug, einer Eishöhle und einer Sinneswerkstatt *(Mai–Aug. tgl. 9–18, Mitte März–April und Sept.–Dez. Di–So 10–17 Uhr | www.hausamstrom.de).* Zehn Minuten auf dem Radweg donauabwärts bei der Schleuse liegt die *Pension Kornexl* mit Biergarten und ausgezeichneten Fischgerichten *(Tel. 08591/18 02 | Di geschl. | €€).* Der Donau-Felsen mit Kapelle und fotogenem Schiffer-Patron St. Nepomuk-Johann gehört zum Quarzriff Pfahl. *25 km von Passau*

Insider Tipp

NEUBURG AM INN [117 E3]

Das aufwendig sanierte Schloss (11. Jh.) war bis 1525 trutzige Grenzburg. Nun dient es als Veranstaltungszentrum; Einstieg in den Rad- und Wanderweg von Passau nach Wernstein. *10 km von Passau*

OBERNZELL [115 D5]

Die Fürstbischöfe haben ihre gotische Wasserburg hier, wo eine Autofähre die Donau quert und es einen Holzbahnhof gibt, im 16. Jh. zum Renaissanceschloss ausgebaut. Sehenswert sind besonders der Rittersaal und das *Keramikmuseum (April–Dez. Di–So 10–17 Uhr | Eintritt frei).* Hier startet das Nostalgieboot „Donauarche" zu Rundfahrten *(www. donauarche.de).* Flussabwärts können Sie gut nach *Jochenstein* wandern, donauaufwärts liegt *Thyrnau* nahe. Vom Zentrum der Handstickerei mit Gold und Silber (Kloster und Elfriede Böhmisch) gelangt man weiter über Kellberg nach *Kapfham* zu den *Hofbauer Stub'n (Tel. 08501/325 | kein Ruhetag | €–€€)* mit Landküche und Gastgarten. *15 km von Passau*

Insider Tipp

ORTENBURG [116 C2]

Bundesweit bekannt ist der Markt, seit er „Falkenau"-Kulisse für Fernsehförster Rombach und dessen Nachfolger Leitner ist. Aber Ortenburg, evangelische Enklave im erzkatholischen Niederbayern, bietet auch Tierreich satt mit Süddeutschlands größtem Vogelpark *Irgenöd* mit über 1000 Tieren aus 200 Arten und dem *Wildpark* beim Schloss *(beide April–Nov. tgl. 9–18 Uhr). 15 km von Passau*

RANNASEE [115 E5]

Der lang gezogene Waldsee südlich von Wegscheid auf der Grenze zu Österreich bietet Freizeitvergnügen für jeden Geschmack: Trimm- und Kneipppfad, Abenteuerspielplatz, 120-m-Wasserrutsche, Tretboote, Angeln, Jugendzeltdorf *(www.kjr-passau.de),* Seewanderweg. *30 km von Passau*

SAMMAREI [116 C2]

Sankt Marei wurde zu Sammarei: die Holzkapelle mit 1300 Votivtafeln aus vier Jahrhunderten in einer frühbarocken Wallfahrtskirche *(www.wallfahrtsland-sammarei.de)*. Beim Hochaltar finden Sie einen besonders kecken Engel, der die Zunge zeigt und nur einen Schuh anhat. *20 km von Passau*

WALDKIRCHEN

[115 D2] **1203 wurde sie erstmals erwähnt, die „Kirche im Wald" an einem der Goldenen Steige.** Die Säumer machten hier Station, hielten Wochenmärkte *(Do 7–13 Uhr am Marktplatz)*. Ein Omen? Bis heute ist Waldkirchen (10 500 Ew.), das zwischen 1492 und 1945 viermal niederbrannte, Ein-

kaufsstadt und Urlaubsort. An seine Geschichte erinnern das *Marktrichterfest (Frühsommer)*, die *Dreschersupp'n (zweiter Sa im August)*, bei der der Marktplatz zur Tenne wird, und *Raunacht (5. Jan.)*.

◼ SEHENSWERTES

EMERENZ-MEIER-HAUS

Das behutsam renovierte Geburtshaus der für ihre Zeit emanzipierten Heimatdichterin Emerenz Meier (1874–1928) beherbergt auch ein *Landgasthaus (Tel. 08581/98 91 90 | Mo geschl. | €€€)*, das Gourmets empfehlen und die Einheimischen schätzen. *Schiefweg, Dorfplatz 9*

Insider Tipp

GOLDENER STEIG

Das Museum in einem Wehrturm widmet sich Region, Geschichte,

Fußgängerzone in Waldkirchen

Salzhandel und Glauben. *Büchl 22 | Mai–Nov. Di–So 14–16 Uhr*

KAROLI-KAPELLE

Das höfisch-elegante Kirchlein aus dem 18. Jh. ist dem hl. Karl Borromäus geweiht und wartet in einer Lindenallee auf dem Karoli auf Bewunderer.

RINGMAUER

Geschichte zum Anfassen: die in Teilen erhaltene Ringmauer, erbaut 1460–70 mit zehn Wehrtürmen und zwei Tortürmen gegen die Böhmen.

ST. PETER UND PAUL

Bayerwald-Dom nennen sie hier das neugotische größte Kirchenschiff des Bayerischen Waldes (65 m lang, 34 m breit) aus Granit mit 67 m hohem Spitzturm.

ESSEN & TRINKEN ÜBERNACHTEN

GOTTINGER KELLER ☼

Panoramawirtshaus mit Biergarten und dem Spezialitätenlokal *Kartoffel. 55 Zi. | Hauzenberger Str. 10–12 | Tel. 08581/98 20 | Fax 98 24 44 | www.hotel-gottinger.de | €*

GUT RIEDELSBACH

Der Brauereigasthof in Neureichenau mit Brauereimuseum und neuerdings 600 m^2 Wellnessbereich nennt sich selbst stolz „1. Bier- und Wohlfühlhotel der Welt". *31 Zi. | Tel. 08583/960 40 | www.gut-riedelsbach.de | €*

LAMPERSTORFER

Gediegenes Haus, seit 1890 in Familienbesitz, mit Café und der Spezialität Ritteressen. *22 Zi. | Marktplatz 19 | Tel. 08581/10 00 | Fax 38 98 | www.lamperstorfer.de | €*

SPORTHOTEL REUTMÜHLE

Kinderfreundliche Ferienanlage mit Loipen vor der Tür, Skipiste in Oberfrauenwald. *140 Zi. | Frauenwaldstr. 7 | Tel. 08581/20 30 | Fax 20 31 70 | www.reutmuehle.de | €€*

VIER JAHRESZEITEN

Hier bringen die Waldkirchner Verwandtschaftsbesuch unter. Das kinderfreundliche Haus mit Durchgang zum Badepark Karoli hat mit der Weltklassekette aber nichts zu tun. *112 Zi. | Hauzenberger Str. 48 | Tel. 08581/20 50 | Fax 20 54 44 | www.4jz.de | €*

EINKAUFEN

Überregional bekannt ist das Modehaus *Garhammer* am Marktplatz 28 *(www.garhammer.de)*. Das liegt zum einen am Sortiment, vor allem am ausgezeichneten Servic.

FREIZEIT & SPORT

Fürs Golfen in Reutmühle brauchen Sie keine Mitgliedschaft. In ☼ *Poppenreut (18 Loch)* genießen Sie zudem ein ==herrliches Panorama== mit der Wallfahrtskirche Wollaberg. Am Hausberg Karoli gibt es einen 2007 modernisierten mediterranen *Badepark* und eine *Eishalle (Okt.–März)*. Am 3 km entfernten *Erlauzwiesel-Stausee* mit Vogelinsel und Themengärten ist Windsurfing erlaubt.

Insider Tip

AM ABEND

Bistro und Bar für alle ist das *Kais (Jandelsbrunner Str. 7)*, Trenddisko das *Lobo* mit Tanzlokal *La Quinta* und neuerdings Rockclub unter einem Dach *(Holzfeldstr. 3).*

▪ AUSKUNFT

TOURISMUSBÜRO

Ringmauerstr. 14 | Tel. 08581/ 194 33 | Fax 40 90 | www.waldkir chen.de

tersportzentrum mit *Schwarzenberg* und *Hochficht* als alpine Teile neben *Sonnen* und *Wegscheid* als die nordischen. Die Webertradition halten das *Webereimuseum* in drei Bauernhäusern *(Mai–Sept. Di–So 14–16, April/ Okt. Mi, Sa und So 14–16.30 Uhr)* und die *Handweberei Moser*

Traditionelles Handwerk: Webereimuseum in Breitenberg

▪ ZIELE IN DER UMGEBUNG

BREITENBERG   [115 E–F2]

Obwohl Mittelpunkt der „Neuen Welt", ist der Ort (2200 Ew.) 21 km von Waldkirchen mit seiner barocken Pfarrkirche nicht überlaufen. Auch Einheimische lieben den Einkehrschwung in die ▸▸ *Blutwurzhütte* in *Jägerbild (Tel. 08584/989 99 80 | bei Loipenbetrieb So–Mi 10–18 und Do– Sa 10–24, Sommer Do–So 11–24 Uhr).* Breitenberg gehört zum Win-

(www.handweberei-moser.de) lebendig. Die alte Hammermühle (1768) am Michelbach ist Denkmal aus vorindustrieller Zeit. Betätigen Sie sich als Grenzgänger und kosten Mühlviertler Schmankerl im *Gasthaus Greiner* in Kohlstatt *(Tel. 0043/ 72888202 | kein Ruhetag | €€).*

Insider Tipp

DREIBURGENLAND   [114 A–B2–3]

Englburg, heute als Wirtshaus in Privathand, westlich davon *Fürsten-*

stein, bis 2002 Bubeninternat, und *Saldenburg,* heute Jugendherberge, gaben der Region den Namen. Alle drei sind vom Tittlinger **Blümersberg** aus zu sehen. *Die Beschützerin des Dreiburgenlandes,* eine riesige Madonna, hat Schrottkünstler Karl Mader 2001 in einem landkreisweiten Kunstprojekt dort aufgestellt. *25 km von Waldkirchen*

Insider Tipp

DREISESSEL [115 F1]
Das granitene, durch Eiszeitkräfte bizarr geformte Massiv (1330 m) erinnert an drei Thröne, von denen aus die Regenten von Bayern, Böhmen und Österreich einst ihre Ländergrenzen gezogen haben sollen *(sanfter Aufstieg vom Parkplatz in etwa 20 Min). 25 km von Waldkirchen*

FÜRSTENECK [114 C3]
Einem Sagenschloss gleich thront diese zum Jagdschloss der Fürstbischöfe umgebaute Burg (12. Jh.), heute privat, hoch droben überm wild-schönen Ilztal. Der steile Aufstieg lohnt schon wegen der **Schlossgaststätte** – große Portionen zu kleinen Preisen – samt Pension *(10 Zi. | Tel./Fax 08505/14 73 | www.schlossfuersteneck.de | €). 15 km von Waldkirchen*

Insider Tipp

HAIDMÜHLE [115 E1]
Einheimische denken sofort an Skilanglauf, Adalbert-Stifter- und Forsthaus-Falkenau-Land. Haidmühle (1500 Ew.) auf 830 m entstand um 1770 mit einer Eisenhammermühle an der Moldau. Der Wegfall der Grenzkontrollen öffnet seit 2008 scheinbar endlose Wander- und Langlauflandschaften bis tief in den Böhmerwald. Erholsames Quartier: Hotel *Auersperg* am Waldrand *(13 Zi. | Auersbergsreut 34 | Tel. 08556/ 960 60 | €)* mit Schweinsbackerl auf der Speisekarte. *24 km von Waldkirchen*

HAUZENBERG [115 D3]
Granit und Grafit haben für Wohlstand gesorgt im Luftkurort (12 000

> DAS SCHARFRICHTERHAUS
Kleinkunstschmiede seit mehr als 25 Jahren

Am Anfang machten die Passauer Scharfrichter als Kulturrevoluzzer und Aufmüpfige in Schlagzeilen von sich reden – allerdings nur überregional, weil die heimatliche Monopolzeitung sie jahrelang mit dem Schweigebann belegte. Im Herbst konzentrieren sich die Jazz-, Theater- und Kabaretttermine in den alljährlichen Kabarettwochen (wichtig: frühestmöglich Karten reservieren!), deren Krönung die Verleihung eines Nachwuchspreises in Beilform ist. Was sich aber noch kaum herumgesprochen hat, ist die Qualität der Weinkarte (Einblicke auf der Homepage). Die Weinkultur ist gepaart mit einer frischen, mediterranen Küche mit österreichischen und böhmischen Akzenten; die Zutaten für die Speisen stammen von Bauernhöfen aus der Umgebung. *Milchgasse 2–4 | tgl. 18–1, werktags auch 12–14 Uhr | Tel. 0851/359 00 | www.scharfrichter haus.de*

Ew) 12 km südöstlich von Waldkirchen. Die Stadtpfarrkirche besitzt einen Flügelaltar aus dem 15. Jh. Eventcharakter hat das *Granitzentrum (April–Okt. 10–18, Dez.–Mai 10–16 Uhr | Passauer Str. 11 | www.stein-welten.de)*. Sich stärken und romantisch nächtigen können

Oberlichtenau (Ostern–Nov. Sa–Do 10–18 Uhr | €).

MUSEUMSDORF ★ [114 A3]

Liebevoll und authentisch dokumentiert das Museumsdorf 3 km westlich von Tittling mit Waidlerhäusern, Kapellen und Gehöften in über 150

Wie lebte man früher im Wald? Das Museumsdorf bei Tittling zeigt es

Sie im *Naturhotel Gidibauer,* einem Vierseithof (1747) mit ausgezeichneter Küche *(18 Zi. | Tel. 08586/964 40 | Restaurant Mo geschl. | €€)*. Klasse: das ==Überraschungsmenü.==

Kropfmühl ist das einzige Grafitbergwerk Westeuropas. Erwandern Sie den ❀ Lichtenauer (830 m) mit einem fünfstöckigen Aussichtsturm (114 Stufen) von 1927/28 samt Plattform und Sicht auf Dachstein und Watzmann im Berggasthof

Einzelobjekten (17.–19. Jh.) die Lebensweisen der letzten Jahrhunderte. Für Einkehr und Abendprogramm steht das Wirtshaus *Mühlhiasl (Tel. 08504/83 34 | kein Ruhetag | €–€€)* bereit. Das *Museumsdorf (Ostern–Nov. tgl. 9–17 Uhr)* ist sonst und im Winter über Drehkreuz (1 Euro) zugänglich. Führungen nach Anmeldung *(Tel. 08504/404 61 | www.museumsdorf.com)*. 20 km von Waldkirchen

> DAS GRÜNE DACH EUROPAS

Wandern Sie grenzenlos auf einer einzigartigen Waldbühne durch das spannende Naturschauspiel, wie Forst wieder Urwald wird

> Grenzenlos wandern – das ist seit 2008 erlebbare Wirklichkeit in Deutschlands ältestem Nationalpark mit 320 km Wanderwegen und 170 km Loipen zwischen Finsterau und Bayerisch Eisenstein.

Hier heißen die neuen Pauschaltouren „Wildbachrauschen" und „Höhenrausch": Knapp 243 km^2 mit einem Höhenunterschied von 340 bis auf 1456 m ist der Nationalpark seit 1997 groß. Sechs Jahre zuvor hatten die böhmischen Nachbarn entlang der Grenzen von Böhmisch-Eisenstein (Želesná Ruda) bis Glöckelberg (Zvonková) am Lipno-Stausee den fast drei Mal so großen Nationalpark Šumava, „den Rauschenden", ausgerufen: mit 690 km^2 Mitteleuropas größter. 1990 stellte die Unesco weitblickend die Waldfläche beider Parks als „das Grüne Dach Europas" unter Schutz. Doch der Fall des Eisernen Vorhangs und der durch das Schengener Abkommen bedingte Stopp

Bild: Kleiner Arbersee

NATIONALPARK

von Grenzkontrollen zeigten, dass bei den Nachbarn andere Statuten gelten. Die tschechische Kernzone ist viel kleiner als das Allerheiligste im Bayerischen Wald. Dafür schützt das Umweltministerium jenseits sie vehement. In den deutschen Naturzonen müssen Wanderer nur von Mitte November bis Juni strikt den markierten Wegen folgen. Im Böhmerwald gilt das Wegegebot immer. Also gelangen Wanderer von Juli bis Mitte November in Bayern bis zur Grenze – und Schluss ist: Wer weiter geht, dem droht Bußgeld. Die einen sanften Tourismus bejahenden Grenzgemeinden sprechen verärgert vom neuen „Grünen Vorhang". Die böhmische Parkverwaltung aber verfolgt ihre restriktive Politik. Dabei ist Šumava mit seinen schwarzen Seen in stillen Mooren schon über die bisherigen Zugänge jede Entdeckungsreise wert. Durch die wilden Wälder und verlassenen Dörfer erreicht man Hochebenen, die Rundblicke weit ins Nachbarland erlauben. Der wilde Oberlauf der Moldau *(Vltava),* die hier entspringt, soll Bedřich Smetana zu seiner sinfonischen Dichtung inspiriert haben. Den 1382 m hohen Boubín überragen die ältesten Baumriesen des Böhmerwaldes.

fast in Eigenregie entwickeln, erkunden selbst die Verantwortlichen mit Staunen. Weniger begeistert sind viele Anrainer, die ihren kostbaren Wald für an den Borkenkäfer verschwendet halten. 40 km^2 verspeiste der gefräßige Winzling bis 2008. Protest rumort nun auch in Böhmen, wo der Ruf nach Verkleinern des

Ein wildes Ensemble aus Felsblöcken und Bäumen bildet das Höllbachgspreng

Die Chronik auf bayerischer Seite beginnt 1970, als die Regierung den Wirtschaftswald zwischen Rachel und Lusen zum Nationalpark erklärte. Bis 2017 sollten die Naturzonen um 75 Prozent ausgedehnt sein. Diese Frist hat das Kabinett 2007 aber um ein Jahrzehnt gedehnt. Denn bis heute überrascht die Natur: Wie Flora und Fauna sich auf dieser Insel mitten im dicht besiedelten Europa

Parks lauter wird. Munition lieferten den Gegnern im Januar 2007 Orkan „Kyrill" und im März 2008 „Emma". „Kyrill" richtete in Šumava 800 000 Festmeter (= m^3) und im Bayerwald (Falkenstein und Rachel) 180 000 Festmeter Windwurf an, so die Fachsprache. Mit Laienaugen sieht das aus wie wildes Riesenmikado – achtmal gigantischer als in orkanlosen Wintern. Als „Emma" tobte, waren die „Kyrill"-Schäden gerade einigermaßen aufgearbeitet.

Der Lusen bleibt wohl noch länger liebstes Abschreckungsbild der Gegner mit Aufnahmen von silbergrauen, befremdlichen Fichtenskeletten als Folge von saurem Regen und Käferfraß. Wer aber die Himmelsleiter zum 1373 m hohen ⭐ *Lusengipfel* erklimmt und genauer hinschaut, nimmt in diesem bizarren Totholz auf Augenhöhe eine strotzende Pflanzenwelt wahr. Dominant: Fichte (85 Prozent) und Vogelbeere (12 Prozent). Überhaupt ist der schmutzig gelb leuchtende Lusen besonders. Die Granitblöcke am Gipfel sind mit Schwefelflechte überzogen und wirken, als hätten die Kinder von Riesen ihre Legokisten ausgekippt. Für die Einheimischen steht jeder Stein für eine Ehe im Bayerwald, heraufgeschleppt von einem Ehemann, der sein Weib wieder loswerden wollte. Andere sind überzeugt, dass der Teufel hier eine unheilvolle Last ablud. Tatsache ist, dass der Gipfel die letzte Eiszeit überragte und die Gletscher ihn in Tausende Felsblöcke zersprengten. Wer je in einem Bildband des Bayerischen Waldes blätterte, kennt den einzigen echten See der Region: den ⭐ *Rachelsee* mit seiner Holzkapelle; und als anderes beliebtes Motiv den Kleinen Arbersee mit seinen Grasinseln, der wie alle übrigen Seen aufgestaut ist.

Unvergessen bleibt vom Lusenparkplatz aus die Zweitagestour auf dem *Horizontalsteig.* **Insider Tipp** Der erweiterte Park umfasst auch den *Großen Falkenstein* (1312 m) mit seinen Schachten, zu dem man gut von Zwieslerwaldhaus aufbricht. Fühlen Sie sich dort in einer Bachschlucht wie im Urwald, haben Sie das *Höllbachgspreng* **Insider Tipp** (G'spreng bedeutet Wildnis aus Fels und Baumriesen) erreicht. Ein Tor zum Park ist die Säumerstadt Grafenau, seit 1976 Sitz der *Nationalpark-Verwaltung (Freyunger Str. 2 | Tel. 08552/960 00).* Gasbetriebene Busse, die sogenannten Igel-Busse (Fahrplan im Hans-Eisenmann-Haus), erleichtern den Verzicht aufs Auto, zumal von Mitte Mai bis Oktober alle Stichstraßen gesperrt sind.

MARCO POLO HIGHLIGHTS

⭐ **Freilichtmuseum Finsterau**
Das ehemals harte und entbehrungsreiche Leben der Waidler (Seite 78)

⭐ **Waldmuseum**
Deutschlands originellstes Provinzmuseum in Zwiesel (Seite 80)

⭐ **Rachelsee**
Der einzige „richtige" See der Region (Seite 75)

⭐ **Frauenau**
Die bekanntesten Glashütten und die schönste Rokokokirche (Seite 77)

⭐ **Lusengipfel**
Zwischen toten Bäumen wächst der Jungwald heran (Seite 75)

⭐ **Hans-Eisenmann-Haus**
Alles Wissenswerte über den Nationalpark erfahren Sie hier (Seite 78)

GRAFENAU

[110 C6] **Grafenau (8800 Ew.) an einem Goldenen Steig, seit 1965 Luftkurort, erhielt 1376 die Stadtrechte und ist die äl-**

Im Bauernmöbelmuseum in Grafenau

teste Stadt im Bayerischen Wald. Pest, Panduren und Stadtbränden zum Trotz bauten die Grafenauer ihre Stadt an der Kleinen Ohe immer wieder auf. Der herausgeputzte Ferienort bekam 1964 auf dem Schwaimberg ein „Berliner Feriendorf". Entsprechend routiniert ist man im Umgang mit Gästen. Diese wie die Einheimischen verbinden den Ort mit dem Säumerfest (erster Augustsamstag),

das die Stadt mittelalterlich kostümiert schwelgen lässt. Seit 1994 strömen jeweils Ende August Musikfans zum größten Rockfestival Niederbayerns in die Zirkuszelte in ▶▶ *Lichteneck.* Grafenau ist seit 1991 Partnerstadt des böhmischen Bergreichenstein *(Kašpeské Hory),* wo der Schriftsteller Kar(e)l Klostermann aufwuchs: Er forderte schon 1919 einen „Nationalpark Böhmerwald".

■ SEHENSWERTES

BAUERNMÖBELMUSEUM

In zwei Bauernhäusern ist die reich bemalte Wohnkultur von Bürgern und Bauern aus drei Jahrhunderten dokumentiert. *Parkweg 6 | Ostern– Okt. Di–So 14–17 Uhr*

BRUDERSBRUNNKAPELLE

Am Frauenberg zeugt die Wallfahrtskapelle von einem missglückten Selbstmord (siehe Ausflüge & Touren). Ein paar Gehminuten entfernt bietet der ☀ *Aussichtsstein* herrliche Sicht auf die Brotjackelriegel-Region.

PFARRKIRCHE MARIÄ HIMMELFAHRT

Die seit 1904 dreischiffige Barockkirche war einst (15. Jh.) gotisch. Dahinter sind Reste der Stadtmauer und die denkmalgeschützte Spitalkirche (Rokokoaltar) aus dem Mittelalter zu sehen.

SCHNUPFTABAK- UND STADTMUSEUM

Stadtgeschichte und Erstaunliches rund um den *Schmai,* das Schnupfen von Tabak, zeigt das frühere Bürgerspital. *Spitalstr. 4 | Ostern–Okt. Di–So 14–17 Uhr*

SCHWAIMBERG ✳

Vom höchsten Punkt des Feriendorfhügels können Sie den Bayerischen Wald bestens überblicken, bei klarem Wetter sehen Sie sogar bis in die Alpen.

ESSEN & TRINKEN ÜBERNACHTEN

FERIENHOF AIGINGER

Insider Tipp

Kinderfreundlicher Ferienhof im Ilztal; **Brot vom Hof** und Bauernhoferlebnisse in Nendlnach. *3 Ferienwohnungen | Tel. 08554/350 70 | www. ferienhof-aiginger.de | €*

KUTSCHENWIRT

Biergarten, Menüs für Allergiker und vor allem die Pferde beim Nachbarn machen den Landgasthof mit acht Apartments besonders beliebt. *Oberhüttensölden | Tel. 08554/94 39 38 | www.landgasthof-kutschenwirt.de | €–€€*

SÄUMERHOF

Das Dreisterne-Landhotel hat sich auf leichte Regionalküche spezialisiert. *8 Zi., 1 Apartment | Steinberg 32 | Tel. 08554/40 89 90 | www. saeumerhof.de | €€–€€€*

FREIZEIT & SPORT

Ein Hallenbad ist vorhanden, ein Wellenfreibad mit Erlebnisrutsche ebenfalls *(Mai–Sept 9–19, bei Regen ab 16 Uhr)*. Golfspieler freuen sich über einen 18-Loch-Golfplatz *(www.gcanp.de)*, außerdem gibt es eine Eishalle, eine Allwetter-Bobbahn sowie die 1000 m lange Sommerrodelbahn *(April–Okt. 10–18, sonst 13–17 Uhr | www.grafenauer-bobbahn.de)*

AUSKUNFT

TOURISTINFORMATION

Rathausgasse 1 | Tel. 08554/96 23 43

ZIELE IN DER UMGEBUNG

FELSWANDERZONE   [111 D6]

Ausgangspunkt zu den vielen Abenteuerrundwegen mit Aussicht ist der Parkplatz an der Straße Neuschönau–Mauth, Abzweigung Jugendwaldheim bei Glashütte, 10 km von Grafenau. Einen schwelgerischen Rundblick auf Neuschönau lässt die ✳ Terrasse beim *Gasthof zum Hufeisen* zu *(3 Zi., eines mit* **Wasserbett** *| Tel. 08558/14 72 | €)*.

Insider Tipp

FRAUENAU ★   [110 B4]

Frauenau (2900 Ew.) ist schon lange „gläsernes Herz" der Region. Mit dem 2005 eröffneten, schon als Bau faszinierenden Museum zu Europas gläserner Kultur *(Jan.–Mitte Nov. Mo–Fr 9–17, Sa/So 10–16 Uhr | www.glasmuseum-frauenau.de)* aber sucht der Ort auch thematisch seines-

>LOW BUDGET

> Lust auf eine Abkühlung nach einem anstrengenden Urlaubstag? Im *Naturbad Spiegelau (tgl. 8–19 Uhr)* zahlen Sie ab 16.30 Uhr nur 1,70 Euro Eintritt – und haben noch reichlich Zeit, einige Bahnen zu schwimmen, bevor es Zeit wird, ans Abendessen zu denken.

> Nach dem Schwimmen keine Herberge mehr gefunden? Günstige Privatübernachtungen bietet Konrad Stern *(Hauswald 6 | Tel. 08553/ 14 40)* an: Doppelzimmer mit Frühstück für 12 Euro pro Person.

gleichen. Etablierter sind die beiden bekanntesten Glashütten: die älteste Glasfabrik der Welt, *Poschinger (Saison Mo–Fr 10.30–18, Sa/So bis 14.30 Uhr | www.poschinger.de)* und die des Avantgardisten *Erwin Eisch (Führungen Mo–Sa 9.15–11.30, Mo–Do auch 13–14.30 Uhr | www.eisch.de).* Die *Rokoko-Pfarrkirche* ist eine der schönsten in Ostbayern. Planen Sie einen Abstecher zur **Insider Tipp** ✷ Kapelle auf der Zell – sie war einmal ein VW-Bully-Bus, neben dem Kreuz sind die Radkästen noch sichtbar.

Seit 1983 sichern die Frauenauer sich das Trinkwasser mit dem durch eine gut 84 m hohe Mauer aufgestauten Kleinen Regen. Hier beginnt der *Schachtenrundweg* für Wanderer *(4–7 Std.)* und Mountainbiker. **Insider Tipp** Kinderfreundlich sind die Flugschauen

Ein Muss für Nationalparkbesucher: das Hans-Eisenmann-Haus

im *Jagdfalkenhof Oberfrauenau (Mai–Mitte Okt. Di–So ab 15 Uhr).* Luxus und Romantik bietet das Hotel *Florian* mit Wellness auf Wasserschwebeliegen *(27 Zi., 6 Apartments | Althüttenstr. 22 | Tel. 09926/95 20 | www.st-florian.de | €€–€€€). 22 km von Grafenau*

FREILICHTMUSEUM FINSTERAU ⭐   [111 D5]

Den Alltag der Kleinhäusler und Großbauern können Sie in diesem Museumsdorf 28 km nordöstlich von Grafenau ebenso nachempfinden, wie Sie Handwerkern beim Fertigen von Holzschuhen zusehen können. Unverwechselbare Mitbringsel bekommen Sie in der *Kräuterei,* einem **Insider Tipp** Laden, in dem sowohl Salat- wie Massageöl, Liköre, Duftsäckchen, Aufstriche, Kräutertees und mehr angeboten werden – alles selbst gemacht. Dort gibt es auch ein *Wirtshaus. Jan.–Okt. tgl. 9–17 Uhr | www.freilichtmuseum.de*

HANS-EISENMANN-HAUS ⭐   [111 D5]

Nicht nur an Regentagen ist das Infozentrum in Neuschönau, 10 km von Grafenau entfernt, einen Besuch wert: Hier sind Dauerausstellungen zu Naturthemen, ein Raum für Tast- und Anfasserlebnisse, Multimediashows und eine Bibliothek unter einem Dach konzentriert. Immer geht es um Geschichte und Philosophie des Nationalparks – und um Wald. Vom Eisenmann-Haus aus bietet sich der Start auf die Rundwege ins Tierfreigelände oder das Pflanzenfreigelände an. *Böhmstr. 35 | Jan.–Okt. tgl. 9–17 Uhr | www.nationalpark-bayerischer-wald.de*

KLAUSEN

Klausen sind Stauseen, die einst der Holztrift ins Tal dienten. Als schönste neben der Martinsklause bei Waldhäuser, der Sagwasserklause am Lusen und der Steinbachklause bei Mauth gilt die 80 000 m² große Reschbachklause im Waldgeschichtlichen Wandergebiet bei Finsterau.

LEHRPFADE

Der Nationalpark *(www. bayerwald-info.de)* bietet Themenwege wie den *Eiszeit- und Urwaldlehrpfad* beim Rachelsee oder die 17 km lange Tour *Besiedlungsgeschichte* bei St. Oswald-Riedlhütte, Erlebnispfade im Waldspielgelände, Waldlehrpfade bei Finsterau *(vier Rundwege, 1,5 bis 3,5 Std.)* und Neuschönau und den *Bergbachlehrpfad* bei Waldhäuser zwischen Fredensteinbrücke und Martinsklause.

MAUTH   [111 E5]

Der 821 m hoch gelegene Erholungsort (2400 Ew.) mit Finsterau (1000 m) als Ortsteil liegt am Parkrand zwischen Saußbach- und Reschbachtal und war früher Mautstation auf dem Goldenen Steig. Mit dem Igel-Bus erreichbar ab Parkplatz Jugendwaldheim ist die geführte Wanderung (12 km) *Von Hexen und Schratzl* (*Mai–Okt Do | Tourist-Info Mauth-Finsterau | Tel. 08557/97 38 38)* mit Sagen über die Entstehung von Felswandergebiet und Lusen. *23 km von Grafenau*

Insider Tipp

PHILIPPSREUT/LEOPOLDSREUT   [111 E6]

Philippsreut (750 Ew.) ist Synonym für den 2008 aufgelassenen und auf der B 12 (schöne Naturfahrt via Bischofsreut nach Haidmühle) zu erreichenden Grenzübergang nach Strážný und zur Schnellstraße nach Prag (165 km). Und man denkt ans Wintersportzentrum „Mitterdorf"

Auch Luchse leben im Park

(Mitterfirmiansreut) mit einem Sessel-, fünf Schleppliften und einem ▶▶ Loipennetz, das auch Einheimische schätzen. Schauen Sie zum nahen, 1963 verlassenen Leopoldsreut (1110 m, hier: „Sandheisa"), von dessen einst 21 Häusern heute nur die alte Schule, die ein Berliner in den 1960-ern für 4000 Mark kaufte, und das Kirchlein St. Nepomuk übrig sind. Quartier-Nische für Biker: Hotel *Forellenhof (9 Zi. | Hauptstr. 27 | Tel. 08550/13 38 | €–€€). 31 km von Grafenau*

Insider Tipp

ST. OSWALD-RIEDLHÜTTE   [110 C5]

Seit 1979 sind die beiden Orte eine Gemeinde (3000 Ew.). Das ältere St. Oswald geht auf den Sturz eines Halser Grafen vom Jagdpferd zurück. Eine Quelle linderte 1319 alle Blessuren, der Graf stiftete dem hl. Oswald eine Kapelle, ein Erbe baute 70

ZWIESEL

Jahre später darüber eine Kirche (heute Barock-Pfarrkirche, Bründlkapelle) und gründete 1396 ein Kloster. Um 1500 zog Herzog Georg der Reiche eine der ersten Glashütten auf: die *Riedlhütte* (Besucherbalkon *ab 9 Uhr, Führungen ab 6 Pers. Mo–Fr 10.30 und 13.30 Uhr nach Anmeldung | www.nachtmann.com).* In der Ortsmitte sehenswert ist die Glasmacherkapelle (1825/26). Am Waldrand liegt der Landferienhof *Grashöfle (10 Zi. | Tel. 08552/692 | www.grashoefle-ferien.de | €)* mit Hofladen. *5 km von Grafenau*

Insider Tipp

SPIEGELAU [110 B5]

Der Erholungsort (4040 Ew.) lebt von seiner Glasmachertradition – die *Glashütte (Führungen Mo–Fr 9.15–13.15, Mai–Okt. auch Sa 9–12 Uhr)* ist seit 1521 urkundlich belegt. Und von Urlaubern dank Waldspielgelände, Nordic-Walking-Park, 240 km Wanderwegen und 60 km Loipen. Empfehlenswert: *Gasthof Genosko* mit eigener Metzgerei und ausgewiesen radlerfreundlichem Hotel *(57 Zi. | Hauptstr. 1 | Tel. 08553/97 37 70 | €–€€).* Gehobene Ansprüche erfüllt das Landhotel *Tannenhof* mit Wellnessangeboten und Panoramarestaurant *(88 Zi. | Auf der List 27 | Tel. 08553/97 30 | €€). 8 km von Grafenau*

WALDHÄUSER [110 C5]

Das höchstgelegene Bergdorf (1000 m) im Bayerischen Wald am Lusen mit dem Altarbild „Maria im Walde" von Reinhold Koeppel in der Dorfkapelle heißt auch Künstlerdorf: Hier wurde außer Koeppel auch Heinz Theuerjahr (Skulpturenpark

im Ort) sesshaft. Seit 1972 malt hier Hajo Blach *(Atelier Tel. 08553/ 15 13). 13 km von Grafenau*

ZWIESEL

[110 A3] **Die Glasstadt (10 000 Ew.) mit Industrie, Fachschule (seit 1904) und Manufakturen hat ihren Namen von Großem und Kleinem Regen, in deren Gabelung (bajuwarisch: zwisl) sie liegt.** Hier hat der größte deutsche Kelchhersteller seinen Sitz (Zwiesel Kristallglas AG), erkennbar an der weltgrößten, 8 m hohen Kristallglaspyramide aus gut 93 000 Weingläsern am Portal. Seit 2004 gibt es im August die *Glasnacht* mit Vorführungen bis Mitternacht. Tradition haben die Glasschau *Zwieseler Buntspecht,* ebenfalls im August, und der *Zwieseler Fink,* ein Wettbewerb um die besten Volksmusiker.

■ SEHENSWERTES ■

HERREN-SCHLÖSSCHEN MIT GLASMUSEUM

Im Glaspark finden Sie das kleine Schloss, einst Herrenhaus derer von Poschingers Kristallglasmanufaktur Theresienthal. Ein *Museum (Mo–Fr 10–14 Uhr)* widmet sich der Geschichte dieser 1452 erstmals erwähnten Glashütte. *Theresienthal 15*

UNTERIRDISCHE GÄNGE

Verstecke und Vorratskammern legten die Zwieseler schon im Mittelalter an. Das Gangsystem ist renoviert, es gibt *(außer So und Nov.)* Führungen *(www.zwiesel-tourimus.de).*

Insider Tipp

WALDMUSEUM ★

Seit 1904 wurden im Kommunbrauhaus Zeitdokumente gesammelt.

1966 eröffnete das Museum, das sich der Pflanzen- und Tierwelt, dem Glas und dem Leben in dieser Provinz widmet. *Stadtplatz 29 | Mitte Mai–Mitte Okt. Mo–Fr 9–17, Sa/So 10–12 und 14–16, Mitte Okt.–Mitte Mai 10–12, Mo–Fr auch 14–17 Uhr | www.waldmuseum-zwiesel.de*

ESSEN & TRINKEN ÜBERNACHTEN

DAMPFBRÄU

Gersten- statt Weizenmalz war der Trick beim obergärigen und gasreichen Dampfbier, das *Zwiesels 1. Dampfbierbrauerei (Regener Str. 9 | Tel. 09922/846 60) am Stadtplatz 6 (Tel. 47 37 | kein Ruhetag | €–€€)* ausschenkt.

ZUR WALDBAHN

Ente mit Pfefferkirschen und geschubste Zimtnudeln gibt es im Traditionsgasthof mit eigenem Kräutergarten und Hotel. *25 Zi. | Bahnhofsplatz 2 | Tel. 09922/85 70 | Fax 85 72 22 | www.zurwaldbahn.de | kein Ruhetag | €€–€€€*

AUSKUNFT

KURVERWALTUNG

Stadtplatz 27 | Tel. 09922/84 05 23 und 13 08 | www.zwiesel.de

ZIELE IN DER UMGEBUNG

BAYERISCH EISENSTEIN [109 F4]

Der Ort (1050 Ew.) verdankt seinen Namen dem Eisenerzabbau (seit 1569), wurde aber erst 1877 als Grenzbahnhof an der Linie Plattling–Pilsen gegründet. Der Bruderort jenseits, Zelezna Rudá, entstand 1919. Dann war der Eiserne Vorhang lange bei Vielem im Weg, im Kalten Krieg montierten die Tschechen 1953 gar alle Schienen ab. Europaweit einzigartig: Die Grenze teilt den Bahnhof *(mit Infozentrum | Tel. 09922/ 90 24 30).* Seit 1991 fahren wieder Züge durch, so im Sommer der Böh-

Die Gläserpyramide in Zwiesel ist 8 m hoch

merwald-Courier *(www.boehmer waldcourier.de)* zwischen Straubing und Klatovy (Klattau). Im *Bahnhofsrestaurant (Tel. 09922/330 | kein Ruhetag | €€)* gibt es böhmische Schmankerl. Attraktionen sind das *Localbahnmuseum (Hauptsaison tgl. 11–15 Uhr | www.localbahnverein. de)* und die *Grenzlandglashütte* (samt Café mit Blick auf die Glasbläser). *14 km von Zwiesel*

Insider Tipp

BUDWEIS [0]

Das heutige České Budějovice, etwa 150 km von Zwiesel entfernt, ist mit 97 000 Einwohnern die größte Stadt Südböhmens. Die berühmte Brauerei *Buděovicky Budvar* bietet Führungen an *(www.budvar.de | Anmeldung erforderlich unter Tel. 00420/38/ 770 53 41 oder 770 53 47)*. Budweis wurde 1265 am Zusammenfluss von Maltsch (Malse) und Moldau (Vltava) errichtet. Übernachten kann man direkt am Marktplatz im Viersternehotel *Dvořák (33 Zi. | Tel. 00420/38/635 31 40 Fax 635 30 58 dvorakcb@oreahotels.eu | €€€)* oder familienfreundlich im Hotel *Adler (24 Zi. | Tel. 00420/38/733 01 58 | Fax 733 01 54| www.hotel-adler.cz | €€)* zehn Gehminuten vom historischen Stadtkern. Beim Spaziergang durch die engen Altstadtgassen mit Renaissancearkaden und Barockfassaden ist der Eindruck an sonnigen Tagen fast mediterran – wie in der Partnerstadt Passau. Sehenswert ist auch das das nahe gelegene *Schloss Frauenberg (Hluboka nad Vltavou)*, eine beliebte Hochzeitskulisse. Das 1285 erstmals erwähnte Schloss wurde im 19. Jh. nach dem Vorbild von Schloss Windsor umgebaut – manchen missfällt es bis heute als Windsorverschnitt. Dennoch belegen seine 140 Räume die Wohnkultur mehrerer feudaler Generationen. Auskunft: *Tschechische Zentrale für Tourismus | Leipziger Straße 60 | 10117 Berlin | Tel. 030/204 47 70 | www.czech-tourist.de | www.bohemianet.com*

LINDBERG/
ZWIESLERWALDHAUS [110 A3]

Auch vom Waidlerdorf Lindberg aus (4 km von Zwiesel) sind die Schachten und Deutschlands größte Sattel-Hochmoore, Latschenfilz und Zwieseler Filz, gut zu erwandern. Vom Ortseingang führt ein Wanderweg (3 km) zum Urwaldgebiet Mittelsteighütte. Das Leben früher doku-

Brauerei Budvar: Was hier gebraut wird, ist wahrhaft in aller Munde

mentiert das private *Bauernhausmuseum (Ostern–Nov. tgl. 10–17 Uhr)* mit dem Wirtshaus zur Bärenhöhle. In Zwieslerwaldhaus (10 km) steht das *Zwieseler Waldhaus,* das älteste Gasthaus im Bayerischen Wald (Konzession seit 1832) mit Biergarten und 55 Zimmern *(Tel. 09925/ 90 20 20 | www.zwieselerwaldhaus. de | €).* In Lindbergmühle am Forsthaus Scheuereck (mit Rotwildgehege) beginnt ein anspruchsvoller Weg auf den Großen Falkenstein.

LUDWIGSTHAL [110 A3]

Die innen reich bemalte neuromanische Herz-Jesu-Pfarrkirche und das Herrenschloss, seit 2008 gepachtet vom Verein Pro Nationalpark, dominieren den Ort an der Glasstraße. Er ist nach König Ludwig I. benannt, hat ein Haus der Wildnis (Tierfreigelände II) und eine Kristallglasmanufaktur *(www.zunftwerk.de). 5 km von Zwiesel*

RABENSTEIN [109 F6]

In dem Bergdorf (750 m, 750 Ew.) am Hennenkobel (974 m; Quarzbruch) soll der Prophet Mühlhiasl als Viehhirt gelebt haben. Die alte Dorfschmiede ist heute ein *Jugendstilcafé* mit Terrasse und Pension *(5 Zi. | Tel. 09922/18 96 | www.cafe-am-dorf platz.de | €). 6 km von Zwiesel*

RACHEL ❅ [110 B–C6]

Hier sind die Wege am spannendsten, hier ist der Wald noch am meisten Urwald, wie ein Ausflug auf den Großen Rachel (1453 m) bei jedem Wetter zeigt. Ein Rundweg führt zur Gletschermulde mit dem nur auf einer Seite begehbaren Rachelsee samt

Die Rachelkapelle mit Blick auf den See

der Rachelkapelle und auf den Gipfel. Guter Einstieg am Wanderparkplatz Gfäll, der aber von Mitte Mai bis November nur mit dem Igelbus (ab Spiegelau) angefahren werden darf.

SCHWELLHÄUSL [109 F5]

Die Trifterklause auf halber Strecke zwischen Zwiesel und Bayerisch Eisenstein ist in einem halbstündigen Fußmarsch vom Parkplatz Brechhäuselau zu erreichen. Kosten Sie die Lammhaxe mit Böhmischen Knödln oder das Trifterbrot, mit dem die Wirtsleute ihrer Vorfahren gedenken. Das waren Holzhauer, die für die Holztrifter eine Wirtschaftshütte hinstellten. *Tel. 09925/460 | www. schwellhaeusl.de | kein Ruhetag | €€*

> REINES GLAS UND STEILE HIMMELSLEITERN

Kurzweil-Kaleidoskop: Bergwandertour, Radl-Schiffs-Ausflug, Glasstraße und mehr

Die Touren sind auf dem hinteren Umschlag und im Reiseatlas grün markiert

1 DURCH DEN GLÄSERNEN WALD

Reich an Einblick und Aussicht ist die Reise auf einem Teilstück der 250 km langen Glasstraße durch das Glasmacherland in Oberpfälzer und Bayerischem Wald. Glasmacherland deshalb, weil die Produzenten in den Waldgebirgen ihre Rohstoffe in Fülle fanden: Quarzsand, Holz und Pottasche als Glasflussmittel. Die Eintagestour ist etwa 175 km lang.

In Passau *(S. 60)*, dort im Glasmuseum mit der weltweit größten Sammlung böhmischen Glases *(S. 61)*, beginnt die Route. Gleich daneben, im Alten Rathaus *(S. 63)*, erzählen prachtvolle Glasfenster Stadtgeschichte. Von der Altstadt über die Hängebrücke erreichen Sie nach 27 km auf der B 12 Waldkirchen *(S. 67)* an einem Goldenen Steig, den Säumer-Handelswegen für Salz und Glas, worüber dort ein Museum informiert.

Bild: Glasmuseum in Frauenau

AUSFLÜGE & TOUREN

Über Freiung geht es weiter nach **Kreuzberg** *(S. 58)*, einst Hochburg der Hinterglasmalerei. Die original Glas-Themenroute führt gen Nordwesten über Mauth, Glas- und Weidhütte nach **Spiegelau** *(S. 80)*. Alternativweg für die rund 24 km ist die B 533 nach **Grafenau** *(S. 76)*. Dort nehmen Sie die Ausfahrt ins glasgeschichtlich altehrwürdige Spiegelau mit Mundglasbläsern und dem glasindustriell innovativen Nachbarort **Riedlhütte** *(S. 79)*.

Hier kann man bei **Glasscherben Köck** *(Forsthausstr. 2)* am Ofen mitarbeitenden und den „Glasscherben-Gesellenbrief" erwerben.

13 km sind es noch bis nach **Frauenau** *(S. 77)*, dessen neues **Glasmuseum** eine weltumspannende Zeitreise durch die Kulturgeschichte des Glases bietet. Nach knapp 7 km steht noch **Zwiesel** *(S. 80)* an, dessen 1872 gegründete „Vereinigte Zwieseler und Pirnaer Farbenglaswerke" um

1900 Hauptlieferant für Butzen-, Mosaik- und Kathedralglas waren. Am Waldrand liegt versteckt in der Rotwaldsiedlung die Rotwaldglashütte, ein Familienbetrieb mit Hüttenstube; unübersehbar ist dagegen die Schauglashütte Ambiente am Stadtrand. Für den Rückweg bietet sich die B 85 an: Über Regen mit seinem gläsernen Kunstwald an der Burgruine Weißenstein sind es noch rund 60 km zurück nach Passau.

2 DIE OSSER-PANORAMARUNDE

Teilweise anspruchsvoll und steil, aber mit herrlichen Ausblicken auf das Grüne Dach Europas ist dieser etwa vierstündige Rundweg zu den Zwillingsgipfeln Großer (1293 m) und Kleiner Osser (1266 m). Wer mag, kann in der Osserschutzhütte sogar übernachten.

Ausgangspunkt zu Großem und Kleinem Osser ist der in Lam *(S. 35)* nicht ganz leicht zu findende Sattel-Parkplatz. In der Ortsmitte geht es – leicht zu übersehen – rechts ab nach Lambach, auf halbem Weg wieder rechts zum Parkplatz „Sattel" (920 m). Der von dort aus gut beschilderte Weg auf den ✾ Großen Osser (1–1,5 Std.) ist teilweise steil und schwierig, zuletzt steinig. Doch der Panoramablick am Gipfelkreuz über Bayerischen und Böhmerwald lohnt die Mühe. Zudem gibt es in der knapp noch nicht auf tschechischem Boden stehenden Osserschutzhütte mit Übernachtungsgelegenheit *(Tel. 09943/777 | Mai–Okt. und 20. Dez.–10. Jan.)* Stärkung. Verschiedene Wege führen rund 60 m abwärts zu einem Forstweg und im letzten

Stück wieder steil und steinig auf den ✾ Kleinen Osser (ca. 15 Min.), von dem Sie einen nahezu grenzenlosen Blick auf Lam und in den Lamer Winkel genießen können. Über die Osserwiese führt dieser Rundweg zurück zum Sattel-Parkplatz.

3 ZUR QUELLE UNTER GLAS

Beschaulich bis besinnlich ist diese etwa zwei Stunden dauernde, gut 6 km lange Wanderung zur Brudersbrunn-Wallfahrtskapelle und zum Aussichtsstein auf dem Grafenauer Themenwanderweg „Dreifaltigkeit", dessen Motto die Zahl 3 ist.

Der Themenweg beginnt bei der Spitalkirche in Grafenau *(S. 76)*, führt auf der Spitalstraße zum Salzstadel und nach Frauenberg. Am Hohlweg (hinter Auto Röhr), der in einen ausgebauten Forstweg übergeht, beginnt der informativ und gut beschilderte Kreuzweg (1er-Markierung) zur Brudersbrunnkapelle. Sie steht für den gescheiterten Selbstmordversuch des Bauern Ambros Roth. Er ertrug sein Fieber nicht mehr, wollte sich in der Kleinen Ohe ertränken. Es misslang. Ja: Er genas. Da gelobte der Ambros 1704, ein Bild zu Ehren der heiligen Dreifaltigkeit zu stiften. Eine Kapelle entstand, daraus wurde eine kleine Kirche, später ergänzt mit dem Kreuzweg.

Neben der Kapelle, deren Vorplatz aufwendig mit Sitzen aus Holz auf Granitblöcken als Vielzweckarena für Andachten, Theater und Konzerte gestaltet ist, sprudelt die Brudersbrunn-Quelle unter einer Glasplatte, verziert mit einer 3 und dem Trini-

AUSFLÜGE & TOUREN

tätssymbol. Der Name geht auf die heidnische Sage von den drei gräflichen Brüdern zurück, die sich nach einem Krieg hier gesund wieder getroffen und umarmt haben sollen. Das Quellwasser, dem Heilkräfte

4 · VON CHAM NACH FURTH IM WALD

Auf dem familienfreundlichen Chambtal-Radweg (20 km) per Fahrrad unterwegs.

Ziel der Radtour durch das Chambtal ist die Grenzstadt Furth im Wald

nachgesagt werden, fließt in ein Granitbecken. Von hier sind Sie auf dem Meditationsweg (2er) binnen weniger Minuten beim ☆ Aussichtsstein zum Panorama von Vorwald und Brotjacklriegel. Über den Brudersbrunn-Parkplatz kommen Sie nach ☆ Schlag (Brudersbrunn-Straße), von wo sich Grafenau mit den Gipfeln von Rachel und Lusen von seiner besten Seite präsentiert. Über Schärdinger Straße und Kellerbergstraße geht es zurück in die Spitalstraße.

Über diese einfache Tagesroute scherzen die Einheimischen seit Generationen mit folgendem Wortspiel: „Als ich nach Cham kam, war der Zug nach Furth furt." Fahrplanunabhängig radeln Sie von der Kreisstadt Cham *(S. 33)* durch das so malerische wie geschichtsträchtige Chambtal in die Drachenstich-Stadt. Unterwegs zwischen Bayern und Böhmen, wählten Kaiser und Könige, Heereszüge und Handelskarawanen den Weg durch dieses Tal, die Further Senke. Über die Fortsetzung der Radreise bis Prag und Pilsen informiert die *Touristinfo Furth im Wald (Schlossplatz 1 | Tel. 09973/509 80 | www. furth.de).*

5 HIMMELSLEITERN UND OCHSENKLAVIERE

Bayerischer Wald, wie er am natürlichsten ist: der teilweise steile Win-

Grüne Dach Europas, der bei optimalem Wetter bis zu den Alpen reicht. Der Wanderpfad ab Lusenparkplatz führt an Grotten und Granitfels vorbei über Holzstege, die hier Ochsenklaviere heißen. Das kommt angeblich vom Klang der Rinderklauen, wenn kleine Herden beim Viehtrieb über die Planken trabten, die über morastige Stellen gelegt waren. Noch

![Stillgewässer im Wald]
Still ruht der Rachelsee, der einzige echte See der Region

terweg vom Lusenparkplatz bei Waldhäuser zum Lusenschutzhaus. Verlängerung: für Geübte in fünf bis sechs Stunden hinüber zum Rachel.

Himmelsleitern heißen die steilen, dafür kurzen Wanderwege hinauf zum Arber und Lusen. Länger als es braucht, um wieder zu Atem zu kommen und die Schweißperlen zu trocknen, entschädigt der Ausblick auf das

etwa fünf Minuten vom Gipfel entfernt, hält die **Lusenhütte** Brotzeit bereit. Der **Lusengipfel** lässt Sie auf die Wasserscheide zwischen Donau/Schwarzes Meer und Moldau/Nordsee blicken.

Nur wenige Touristen entdecken den Verbindungsweg zwischen Rachel und Lusen. Das ist eine anspruchsvolle, etwa fünfstündige

Bergstiefel- oder im Winter Skilanglauftour, einsam und auf einem alten Grenzweg durch die Schutzzone im Kerngebiet des Nationalparks. Nachteil: Bei Konditionsmängeln oder Schlechtwettereinbruch gibt es keine Alternative nach unten; man muss da durch. Und gelangt zum gastfreundlichen **Rachelschutzhaus** *(Waldschmidthaus | Tel. 0172/785 03 62 und 0171/523 40 51 | www.waldschmidt haus.eu | Mai–Okt.)*. Nächstgelegener Parkplatz: Gfäll für die Abfahrt nach Spiegelau, ca. 3 km entfernt und in einer Stunde bergab bequem zu erreichen.

Immer lohnt ein Abstecher zum **Rachelsee** (vom Rachelgipfel steiler Abstieg, Dauer knapp 1 Std.) mit seiner Holzkapelle. Vom Schutzhaus gelangt man zur Racheldiensthütte auf 876 m oder aber – mit guter Kondition in mindestens 2,5 Stunden – nach Waldhäuser: von der Diensthütte zur Fredenbrücke weiter hinauf nach Waldhäuser. Die schönere Alternative: zurück auf den Rachelgipfel, hinab zum Rachelsee, von dort rund 100 Höhenmeter nach oben zur Felsenkanzel – Sie sind wieder auf dem Horizontalsteig zum Lusen, von welchem Sie noch ca. 30 Minuten hinunter nach Waldhäuser gehen.

6 BOOTSTOUR MIT DEM FAHRRAD

Durch das Untere Inntal bei Passau führt diese Eintagestour, die Drahteselreiten und Schifferfahren gekonnt kombiniert. Ausgangspunkt ist der Parkplatz beim Kraftwerk Ingling innaufwärts und südwestlich der Bischofsstadt Passau.

Von dort radeln Sie über den Kraftwerks-Steg nach Österreich (Personalausweis einstecken!) und an dessen Innufer komfortabel und eben auf einem ausgebauten Weg durch den Sauwald flussaufwärts in maximal einer Stunde nach **Wernstein**. Weiter geht es rund 30 Minuten auf einer verkehrsarmen, aber bergigen Straße in die mittelalterliche Wehr- und Barockstadt **Schärding** mit ihrem geschlossenen Häuserensemble um den Stadtplatz im Zentrum. Zünftige Einkehr bietet das **Bums'n** *(Denisgasse 8 | Tel. 0043-7712/30 61 | www.bumsn.at | So geschl. | €)*, Musikkneipe und Bräustüberl, das seinen Namen vom Rollen der Bierfässer vom Pferdegespann in die Gaststube hat, wo sie gegen den Tresen bumsten. An der Anlegestelle der „MS Gerda" mit Holzhüttenaufbau beginnt ab 9 Uhr der bequeme Teil dieser Tour *(tgl. außer Mo | Fahrplan: www.innschifffahrt.at)*. Der Fahrradtransport ist kostenlos, Erwachsene zahlen 10 Euro, Kinder 4 Euro. Wer mag, kann in Ingling aussteigen und die Tour so beenden. Das größere Erlebnis ist, das etwa zweistündige Innschippern auszukosten und von Schärding aus zurückzuradeln. Sie wechseln dafür über die Innbrücke ans deutsche Ufer, biegen gleich nach dem alten Zollhaus rechts ab, am Ufer entlang nach **Vornbach**, wo Sie die Kirche (frühes Rokoko) des ehemaligen Klosters gesehen haben müssen. Der Radweg bringt Sie zurück zum Inn. Nach etwa 1 km wird der Waldweg kurz supersteil – Ungeübte sollten hier schieben. An Neuburg vorbei gelangen Sie wieder zurück nach Ingling.

Insider Tipp

EIN TAG IM BAYERISCHEN WALD

Action pur und einmalige Erlebnisse.
Gehen Sie auf Tour mit unserem Szene-Scout

BAYERISCH DURCHSTARTEN

8:30

Der Tag beginnt typisch: Bei Milchkaffee und Brezn im Deggendorfer *Café Wiedemann* die Vorfreude auf den Tag schüren. Wer lieber süß durchstartet, wählt aus der Kuchenkarte oder bestellt ein knuspriges Nusshörndl. **WO?** *Luitpoldplatz 5 | www.cafe-wiedemann.de*

10:00

DOWNHILL DÜSEN

Steil bergab gehts auf der Sommerrodelbahn *Geißkopf*: In knallroten Plastikbobs die 615 m lange und ganz schön kurvige Strecke den Berg hinuntersausen. Mit Fliehkraftbremsen kann man die Geschwindigkeit seinem Renntalent anpassen. Nase in den Wind und los! **WO?** *Unterbreitenau 3, Bischofsmais | Nur bei gutem Wetter | Kosten: 3,50 Euro/Fahrt | www.geisskopf.de*

SPORTLICHES ESSEN

11:30

Wildschweinbraten, Grill- oder Fitnessteller? In der *Geißkopfalm* ganz nach Geschmack seinen Hunger stillen und sich schon mal gedanklich auf die nächste Mountainbiketour einstellen. Das Lökal am Ortseingang von Habischried ist der Treffpunkt vieler MTBer, die beim Mittagspäuschen gern die besten Tricks verraten! **WO?** *Ortsstr. 1 | Tel. 09920/90 39 29 | www.geisskopfalm.de*

13:00

KRÄUTERTOUR

Jetzt wirds aromatisch! Mit Christine Riesinger über Wald- und Wiesenwege rund um den Tittlinger *Endl-Hof* wandern. Am Wegesrand haltmachen und sich von der Kräuterpädagogin die Wirkung von Spitzwegerich, Löwenzahn und Co. erklären lassen. Den anschließend gemeinsam gebrauten Kräuteressig gibt es als Souvenir mit nach Hause. **WO?** *Iltz Rettenbach 10, Tittling | Anmeldung mind. 3 Tage vorher unter Tel. 0171/421 12 18 | Kosten: ca. 15 Euro*

24 h

PASSAU PER KANADIER

15:00

Die Donaustadt zu Wasser erkunden. Mit dem Kanadier gehts nach kurzer Einweisung auf die Ilz und dann einfach immer der Wasserstraße nach, bei guten Bedingungen mit kurzen Abzweigungen auf Donau oder Inn. Die Sicht auf die Stadt genießen und das Paddel ja nicht loslassen! **WO?** *Ilzstadt an der Brücke Auffahrt Oberhaus | Veranstalter: Kanuwandersport | Anmeldung mind. 5 Tage vorher unter Tel. 08541/91 19 89 | Kosten: 19 Euro | www.kanuwandersport.de*

18:30

URIG UND GESUND

Auf zum Dinner im Biowirtshaus *Zum Fliegerbauer* in Passau! Auf den urigen Tischen stehen Wiesenblumen, auf der Karte superleckere Gerichte der Saison. Zum Beispiel ein köstliches Frühlingskräutermenü, Spargel oder ein cremiges Dessert mit Kirschen aus eigener Ernte. Tipp: Im Sommer schmeckts im wunderschönen Biergarten am besten! **WO?** *Stelzlhof/ Ökologisches Zentrum Passau, Stelzlhof 1 | Tel. 0851/988 34 39 | www.biowirtshaus.de*

CHILLOUT IN D.D.'S LOUNGE

21:00

Die Nacht startet in einem der stylishsten Läden Passaus. Die elegante Lounge im *Kapfinger-Turm* (Neue Mitte) ist für ihre riesige Auswahl an Cocktails und Longdrinks bekannt. Und für ihr stylishes Ambiente: Die Beleuchtung wechselt ständig und wirft die Bar in immer neues Licht! **WO?** *Nibelungenplatz 1–2, Haidenhof Süd | Di–So ab 19 Uhr | Tel. 0851/756 95 57*

23:00

DANCE THE NIGHT

Jetzt wird eingeheizt! In der Diskothek *Camera Passau* gehts richtig ab. Bei Drum 'n' Bass, Rock und Pop verschiedener DJs auf die Tanzflächen stürmen und abfeiern bis in den frühen Morgen! **WO?** *Am Ludwigsplatz, Passau | www.camera-passau.de*

> AKTIVURLAUB? DER BAYERWALD IST FIT!

Wald, Wiesen, Wasser und Winter warten mit allerlei Freizeitspaß auf

> Aktivurlauber werden Ferntouristen vom Bayerischen Wald aus belächeln, liegt das Gute, in diesem Fall die Vielfalt, doch so nah. Auf Wanderer warten anspruchsvolle Mehrtagestouren wie kontemplatives Wandeln auf den in Mitteleuropa einzigartigen Meditationspfaden mit Holzstegen im Nationalpark.

Radwandern und Mountainbiking, wie die Reiter gelotst von GPS, sind etabliert. Rücksicht auf die Natur bleibt oberstes Gebot.

■ ANGELN

Ein besonderer Anreiz für Angelsportler ist der Artenreichtum; man braucht sich beim Bezirksfischereimeister nur eine Angelkarte zu besorgen. Wo und wann Angeln erlaubt und wo die zuständige Kartenausgabestelle ist, listet der Tourismusverband Ostbayern *(Tel. 0941/ 58 53 90 | info@ostbayern-touris mus.de)* in der Broschüre „Angeln in Ostbayern" auf.

> *www.marcopolo.de/bayerischerwald*

SPORT & AKTIVITÄTEN

DRACHENFLIEGEN

Drachen- und Gleitschirmflieger urlauben an Osser und Pröller, in Breitenberg *(Tel. 08584/96 18 16)*, Grainet, Grattersdorf, Windberg und Untergriesbach.

FALLSCHIRMSPRINGEN

Rundflüge mit Segel- und Motorfliegern bieten Arnbruck, Cham, Deggendorf, Donau- und Regenstauf, Schönberg, Wallmühle, Sonnen, Vilshofen. Fallschirmspringerschulen gibt es etwa in Fürstenzell: *Fallschirmsportclub Passau (Tel. 08502/87 60).*

Insider Tipp

GOLF

Golfen ist längst Volkssport im Bayerwald *(www.bayerischer-wald-golf.de).* Wer ein Gastspiel wagen will, sollte seinen Clubausweis mitbringen und braucht in der Regel Handicap 54. Die Einheimischen bevorzugen:

Kirchroth *(18-Loch-Anlage plus 9-Loch-Übungsplatz, Driving Range,*

Wintergrüns | Tel. 09428/71 69 | www.golfclub-straubing.de); Gut Lindberg/Oberzwieselau *(18-Loch-Anlage | Mai–Okt. ab 9 Uhr | Tel. 09922/23 67 | www.golfpark-ober zwieselau.de);* Deggendorf *(18-Loch-Anlage mit Driving Range auf der Rusel | April–Nov. | Tel. 09920/ 89 11 | www.deggendorfer-golfclub. de);* Thyrnau-Raßbach *(21+6-Loch-Anlage plus 3-Loch-Übungsplatz (ohne PE) | April–Dez. wetterabhängig | Tel. 08501/913 13 | www.rass bach.de).*

▪ KANU & KAJAK

Wildwasserfahren geht im Ilztal, -rodeo an der Isarmündung (Deggendorf), Kanuwanderwege gibt es etwa auf dem Regen zwischen Regensburg und Blaibacher See. Bei Tittling *(Info-Tel. 08504/401 14)* steigt auf der Ilz die Bayerwald-Wildwasserregatta.

▪ KLETTERN

Natürliche Kletterregion sind die Rauchröhren am Kaitersberg bei Bad Kötzting. Klettergärten gibt es in Ruderting, extra familienfreundlich in Waldkirchen *(www.kletterwald-wald kirchen.de),* Kletterfelsen in Deggendorf.

▪ REITEN

Ob Sie Ihr Pferd mitbringen, auf Schulrössern („Verleiher") das Glück der Erde entdecken oder Mehrtagestouren unternehmen – der Bayerische Wald ist sattelfest. Über 1000 km Routen und Gastboxen fast überall ermöglichen ganzjährig Urlaub auf sechs Beinen *(www.ross-und-reiter-urlaub.de).* Manche Vereine haben mehrere Reithallen, *Gut Aichet* auch eine große 30 x 60-m-Halle *(Kurse, Turniere, Gastboxen | Tel. 08501/ 272 | www.gut-aichet.de).* Urlaub in Passau mit dem eigenen Pferd ermöglichen die *TG Freudenhain (Familie Kornfeldner | Tel. 0851/ 95 55 20)* und das Hotel *Atrium (Tel. 0851/988 66 88).* In der Westernstadt Pullman-City haben Wanderreiter freien Eintritt *(Gastpaddock 6 Euro | Box 12 Euro | Tel. 08544/97 49 21).*

▪ WANDERN

Auf dem Gläsernen Steig durchs Glasmacherland, auf Keltenspuren auf dem Böhmweg vom Donautal zur Moldau, auf den Panoramarouten des Goldsteigs *(www.goldsteig.com)* durch den Vorwald oder den Kammweg an der Grenze zu Tschechien über die Gipfel von Dreisessel, Rachel, Lusen und Arber zum Plöckenstein (1379 m) entlang – ein Urlaub reicht nie, um den Bayerwald zu erwandern. Sie profitieren vom Tourismus-Vordenker Maximilian Schmidt (1832–1919), der 1883 den *Bayerischen Wald-Verein (Zwiesel | Tel. 09922/92 65)* gründete. Dieser unterhält in 63 Sektionen Berghütten und bietet geführte Touren an. Orkan „Kyrill" sorgte 2007 im Falkenstein-Rachel-Gebiet für neuen Weitblick, z. B. auf der Acht-1000er-Tour von Eck zum Arber.

▪ WASSERSKI

Mit 18 km bietet die Donau hier die längste deutsche Wasserskistrecke: Obernzell *(Tel. Hafen 08591/16 43 | Tourist-Info 08591/911 61 19)* ist

SPORT & AKTIVITÄTEN

Wasserskizentrum neben Metten, Irlbach, Winzer und der Wasserski-Seilbahn Friedenhainsee (Straubing).

WINTERSPORT

Hier gelten Schlagworte wie Vielfalt, schneereich und schneesicher für *Snowboard-Funparks (Arrach, Waldkirchen und Mitterfirmiansreut),* sieben Alpinskigebiete, gut 2000 km Langlaufloipen und Musher, die in *Haidmühle (Tourist-Info-Tel. 08556/ 194 33 | www.sc-haidmuehle.de),* Grainet und Drachselsried ihre Schlittenhunde rennen lassen. Am Hohenbogen warten 5 km Flutlichtpiste, eine beleuchtete Rodelbahn, dazu der „Atomic Ski-Jump" auf der ganzjährig betriebenen Sprungschanze *(www.die-erlebnis-akademie.de, www.hohenbogen.de)*. Beschaulicher geht es am Arber *(www.arber.de)* zu, wo eine alte Liftbergstation toprenoviert das Bergrestaurant gibt. Hier sind Deutschlands modernste Mittelgebirgsgondeln und Sessellifte im Einsatz: 7 km Piste, Rodelbahn samt Rodelverleih. Sankt Englmar bietet geführte Schneeschuhtouren. Nur hier kann man *Snowkiten (Snowboard/Ski plus Drachen | www.kite-bar.de, www.sanktenglmar.de)*. Der Oberpfälzer Wald hat kleine Skigebiete und 600 km Loipen, eine führt vom Skilanglaufzentrum Silberhütte nach Tschechien *(www.slz-silberhuette.de, www.oberpfaelzerwald.de)*.

Wanderer bei den Rauchröhren am Kaitersberg

> PAUSE FÜR ELTERN IM ABENTEUER-KINDERLAND

Schatzsuche, Indianertipis und Piratentage
sind das Salz in der g'schmackigen Suppe „Familienurlaub"

> Von Abenteuerspielplatz bis Zauberwald reicht der kunterbunte Fächer, mit dem der Bayerische Wald Kindern Kurzweil zuwedelt – und Eltern entspannende Pausen. Fast überall gilt Kinderermäßigung, warten Spielprogramme und Betreuer.

Nahezu perfekten Familienurlaub garantieren die nach strengen Checks gekürten sechs so genannten Bärchen-Gastgeber *(www.kinderland-bayerischer-wald.de)* mit der Höchstzahl von fünf Kinderland-Teddys, darunter ein Feriendorf bei Viechtach und der Ferienpark Bischofsmais.

OBERER BAYERISCHER WALD

BAYERWALDTIERPARK LOHBERG [109 E3–4]

Die Geschichte der heimischen Tierwelt (400 Tiere aus 100 Arten) zum Anfassen bietet der Bayerwaldtierpark in Lohberg mit Umweltlehr-

MIT KINDERN REISEN

pfad, Streichelzoo, Haus des Wolfs, Abenteuerspielplatz, Babywickelraum. *Tgl. 9–17 Uhr | Erwachsene 4 Euro, Kinder 2,50 Euro | www.loh berg.de/tierpark*

CHURPFALZPARK [107 F2]

Alles, was Kinder mögen: Schippern in Riesenschwänen, Edelsteinschatzsuche, eine Wasserorgel aus 860 Fontänen und vieles mehr bietet Ostbayerns größter Freizeitpark in Loifling

südlich von Chams. Angebote für die Gestaltung von Kindergeburtstagen. *Tgl. Mitte März–Mitte Okt. 9–18, Fahrbetrieb 10–17 Uhr | Erwachsene 13 Euro, Kinder 11 Euro | www.churpfalzpark.de*

DONAU KOMPAKT
IM ZOO STRAUBING [107 E6]

Der Straubinger Tiergarten feierte im Jahr 2008 sein 70-jähriges Bestehen. Mit 1000 Tieren aus 200 Arten ist er der einzige Zoo Ostbayerns. Und lehrreich ist er auch: Im ⭐ *Danubium* wird klar, dass Waxdick, Ukelei und Moderlieschen keine Fabelwesen sind, sondern Fische. Diese Abteilung zeigt die Lebensräume im und am 2800 km langen Donaustrom, zum Beispiel die Biotope der

MÄRCHENVILLA [109 E3]

Der schmucken Villa in Lambach sieht man das „Märchen- und Gespensterhaus" nicht an, als das das Innere phantasievoll gestaltet ist. *Tgl. Sommer 10–18, Winter 10–17 Uhr; Nov./Dez. teilweise geschl. (Tel. 09943/35 41 u. 09491/23 17) | Er-*

Kindern macht es Spaß, auf den Fanfaren zu blasen

Fischotter und alle vorkommenden Fischarten und Amphibien im Donauaquarium.

Das harte Leben der Menschen in der Jungsteinzeit und die Geschichte der Haustiere wird in einem rekonstruierten Bauernhaus *(Zooschule, Workshops Tel. 09421/212 77)* erklärt. *Tgl. Winterzeit 9–17, Sommerzeit 8.30–19 Uhr | Erwachsene 5 Euro | Kinder 3 Euro | www.tiergar ten.straubing.de*

wachsene 3 Euro, Kinder 2,50 Euro | www.maerchenschloss-lambach.de

SCHAUBERGWERK
IM SILBERBERG [109 E5]

Bis in die 1960er-Jahre wurde im 955 m hohen Silberberg südöstlich von Bodenmais nach Silber geschürft. Heute bietet das Schaubergwerk superspannende, unterirdische Wanderungen zu Grundwasserseen und sogar in lampenlose Gänge bei

> www.marcopolo.de/bayerischerwald

Insider Tipp der *Entdeckertour (Mi 10 Uhr | Erwachsene 11,80 Euro, Kinder 7 Euro | Taschenlampe mitbringen).* Kombi-Erlebnis im Sommer: die Sommerrodelbahn. *Führungen tgl. Ende März–Juni und Sept./Okt. 10–16, Juli/Aug. 10–16.45, Anfang Nov. 11–14 Uhr, danach bis Weihnachten nur angemeldet (mind. 20 Pers.) | Erwachsene 5,90 Euro, Kinder 3,50 Euro | www.silberberg-online.de*

UNTERER BAYERISCHER WALD

BERGWERK MIT GEO-LEHRPFAD ★   [115 D3]

Das einzige Grafitbergwerk Westeuropas heißt Kropfmühl bei Hauzenberg, hat ein Museum und einen 4,5 km langen Geo-Lehrpfad. Für die Führungen verkleiden Besucher sich mit lustigen Schutzanzügen. *Mai–Okt. Di–Sa 10–15, So 12–15, März/April Mi–So 13–15 Uhr | Sonderführungen ab 15 Pers. nach Anmeldung, Tel. 08586/60 91 47 | Erwachsene 4,50 Euro, Kinder 3,30 Euro | www.graphite.de*

NATIONALPARK

KINDERLAND MIT KLETTERBUCHE   [110 A3]

Insider Tipp Ein Kinderland mit Ganztagsbetreuung (einmal wöchentlich) gibt es am Ortsende von Ludwigsthal im Besucherzentrum „Haus zur Wildnis", das gar kein Haus ist, sondern überdachte Freifläche samt Kinosaal und Laden , damit jeder Bayer- und Böhmerwald schmecken kann. Mit Tierfreigelände (drei Gehege: Luchs, Wolf, Wildpferd/Urrind, und eigener Kinderkarte im Biolokal (Tel. 09922/500 20 | kein Ruhetag | €).

TIERFREIGELÄNDE KINDGERECHT   [110–111 C–D5]

So groß wie 250 Fußballfelder ist das Tierfreigelände I zwischen Neu- und Altschönau. Beim Informationszentrum Hans-Eisenmann-Haus mit Erlebnisraum für Kinder beginnt ein 7 km-Rundweg zu 36 Säugetier- und Vogelarten in 16 Großgehegen, den Sie komplett in drei bis vier Stunden oder in zwei Kurzvarianten (3 km, 1,5 Std.) erwandern können. *Parkplatz P 1 | tgl. Mitte Jan.– Mitte März 9–16, Mitte März–Mitte Nov. 9–17 Uhr | Eintritt frei (aber Parkplatzgebühren) | www.nationalpark-bayeri scher-wald.de*

DIPLOMIERTE GOLDWÄSCHER   [110 C5]

Seifenhügel durchziehen das Hochmoor Klosterfilz bei St. Oswald-Riedlhütte. Sie zeugen entlang der Ohe von früheren Goldwäschern. Auf deren Spuren geht es in Riedlhütte immer um 13 Uhr mit Rucksack und Waschpfanne von Mai bis Oktober in zwei Stunden zum Goldwaschdiplom. *Erwachsene 2,50 Euro, Kinder 1 Euro | www.sankt-os wald-riedlhuette.com*

WALDSPIELGELÄNDE   [110 B5]

Die Waldwiese mit einem Tümpel, in dem Libellen schlüpfen, einer Hütte und einem Amphitheater wartet schon im Waldspielgelände bei Spiegelau. Mit Lehrpfad für Wissbegierige, Abenteuerspielplatz zum Toben und kinderwagentauglichem Rundweg „Tagpfauenauge". *Informationen bei der Parkverwaltung | Tel. 08552/960 00 | www.nationalpark-bayerischer-wald.de*

> VON ANREISE BIS ZOLL

Urlaub von Anfang bis Ende: die wichtigsten Adressen und Informationen für Ihre Reise in den Bayerischen Wald

ANREISE

AUTO

Von Westen her leiten A 6 und A 3 (über Nürnberg) nach Regensburg und weiter über Deggendorf nach Passau. Für Berliner bietet sich die A 9 bis Dreieck Bayerisches Vogtland an, weiter auf der A 72. Am Dreieck Hochfranken auf A 93 Richtung Weiden (ab hier B 22 für Furth im Wald und den übrigen nördlichen Oberpfälzer Wald) und Schwandorf (ab hier B 85 für Cham und Umgebung) nach Regensburg, Deggendorf, Passau. Vom Norden befährt man am besten die A 7 bis Biebelrieder Dreieck und wechselt dort auf die A 3. Aus dem Großraum München führt die A 92 über Landshut nach Deggendorf (A 3).

BAHN

Von Hamburg fährt täglich der ICE „Prinz Eugen" über Fulda und Regensburg nach Passau, in Dortmund beginnt der EC 29 nach Regensburg und Passau. Aus den neuen Bundesländern kommen InterCitys von Berlin über Leipzig, Probstzella alle zwei Stunden nach Nürnberg, wo die DB-Hauptstrecke über Regensburg und Passau nach Wien beginnt. Seit Dezember 2007 fährt ALEX – ein Zug der Länderbahn – von München über Regensburg, Schwandorf, Furth im Wald nach Prag. Auf *www.*

PRAKTISCHE HINWEISE

bahn.de finden Sie alle Verbindungen und Infos zum günstigen Bayern- und Bayern-Böhmen-Ticket. Fahrplan, Preise und Routentipps im Raum Regen/Cham/Freyung-Grafenau bietet _www.bayerwaldticket.com_.

FLUGZEUG
Je nach Region, die Sie erreichen wollen, sind die nächstgelegenen Verkehrsflughäfen Nürnberg, München, Linz und Salzburg.

▨ AUSKUNFT ▨
TOURISMUSVERBAND OSTBAYERN
Luitpoldstr. 20 | 93047 Regensburg | Tel. 0941/58 53 90 | Fax 585 39 39 | www.ostbayern-tourismus.de

BAYERISCHER WALDVEREIN E.V.
Angerstraße 39 | 94227 Zwiesel | Tel. 09922/92 65 | Fax 92 65 | www.bayerischer-wald-verein.de

▨ AUTO ▨
Das gut ausgebaute Straßennetz hat nicht nur Vorteile: Die Fahrweise vieler Einheimischer ist leichtfertig, die Unfallquote hoch. In fast allen größeren Orten gibt es ein Parkplatzproblem. Geldbeutel- und nervenschonend sind da Park-and-ride-Angebote und Parkhäuser.

▨ BERGBAHNEN ▨
Bergbahnen kommen im Bayerischen Wald als Gondeln oder Sessellifte daher. Am Arber _(Winter ab_ 8.30, Sommer ab 9 Uhr | _www.arber. de_) gibt es neben Schleppliften Sesselbahnen und Flutlichtbetrieb. Bequeme Bergfahrten bieten per Sessellift auch der Hohe Bogen _(www.hohenbogen.de)_, der Silberberg _(www.silberbergbahn.de)_ mit Blick auf Ar-

▶ WAS KOSTET WIE VIEL?

▸ **KAFFEE**	**1,80–2,50 EURO** für eine Tasse Kaffee
▸ **EIS**	**1,20–2,50 EURO** für zwei Kugeln Eis
▸ **BIER**	**AB 2,20 EURO** für den halben Liter
▸ **SNACK**	**0,30–0,80 EURO** für eine Breze
▸ **IMBISS**	**1–2 EURO** für eine Leberkassemmel
▸ **BUSFAHRT**	**AB 1 EURO** für eine Busfahrkarte

ber und Bodenmais und der Geißkopf _(www.bischofsmais.com)_.

▨ BERGHÄUSER ▨
Die schmucken Berghäuser im Wanderparadies Bayerwald laden vor allem im Sommer zur Einkehr, neben den ganzjährig betriebenen Schutzhäusern des Bayerischen Wald-Vereins etliche der privat bewirtschafteten _(www.wandern-bayrischer-wald._

de/de/berghaeuser.html) – Achtung: bayr! – auch zum günstigen Übernachten.

CAMPING

Knapp 40 Campingplätze sind im Bayerischen Wald eingerichtet, viele an Seen oder Seefreibädern, manche ganzjährig in Betrieb *(www.ostbayern-tourismus.de/themenurlaub/Camping)*.

FERIENHÄUSER

Feriendörfer mit Häusern, fast immer aus Holz, auch für 20 Personen findet man meist mit See oder Hallenbad. Detailauskünfte geben die örtlichen Touristinformationen und die Homepages der Gemeinden. Das Waldferiendorf Dürrwies bei Bischofsmais kann in seinen nachgebauten historischen Bauernkaten zwei bis 14 Personen unterbringen.

INTERNET

Via Datenautobahn ist inzwischen nicht nur jede Stadt und nahezu jede Gemeinde (z.B. *www.passau.de* mit Live-Webcam und guten Links) auf ihrer Homepage erreichbar. Auch die meisten Hotels, Museen und andere Einrichtungen präsentieren sich selbst im Internet. Einige Adressen: *www.nationalpark-bayerischer-wald.de; www.ostbayern-tourismus.de; www.pnp.de* (Passauer Neue Presse); *www.btl.de* (Bayern Tourismus Line); *www.bayern.by* – die Endung *by* haben sich die Bayern für diese Site mit breitem Spektrum von Weissrussland ausgeliehen.

INTERNETCAFÉS & WLAN

Internetcafés haben sich noch nicht wirklich etabliert. Eine der wenigen konstanten Adressen ist das *Café Alibi* in der Passauer Innstadt *(Tel. 0851/317 71)* und in Straubing *(Ittlinger Str. 150 | Tel. 09421/33 04 40).* WLAN-Hotspots finden Sie in allen Autobahnraststätten und vielen Hauptpostämtern, auch viele Orte sind bereits großflächig erschlossen, z. B. Deggendorf und Straubing.

WETTER IN REGENSBURG

Jan.	Feb.	März	April	Mai	Juni	Juli	Aug.	Sept.	Okt.	Nov.	Dez.
0	2	8	14	19	22	24	23	20	13	6	2

Tagestemperaturen in ºC

–5	–5	–1	3	7	10	12	12	9	4	0	–3

Nachttemperaturen in ºC

2	3	4	6	6	8	8	6	6	4	2	1

Sonnenschein Std./Tag

10	9	7	9	8	12	11	11	9	9	8	9

Niederschlag Tage/Monat

PRAKTISCHE HINWEISE

JUGENDHERBERGEN

Ein Netz von 17 Jugendherbergen durchzieht den Bayerischen Wald. Aber: In Bayern stehen diese Quartiere nur jungen Leuten bis 26 Jahre offen. Ausnahmen: Gruppenbegleiter und Eltern mit mindestens einem minderjährigen Kind. Infos gibts beim Landesverband in München, *Tel. 089/922 09 80.*

ÖFFENTLICHE VERKEHRSMITTEL

Die Bahn *(www.bahn.de)* zieht sich aus der Region zurück und setzt immer mehr Busse ein. Entsprechend gut sind die ÖPNV-Verbindungen *(www.rbo.de)*. Erlebenswert sind Regionalbahnen wie die Waldbahn zwischen Deggendorf und Bayerisch Eisenstein, die Wanderbahn im Regental zwischen Viechtach und Gotteszell, der sommerliche Böhmerwaldcourier von Deggendorf nach Spitzberg und Klattau oder Ilztal-Sonderfahrten *(www.passauer-eisen bahnfreunde.de)*. Im und um den Nationalpark verkehren gasbetriebene Igel-Busse. In den größeren Orten gibt es, teils im 10-Minuten-Takt, Stadtbuslinien.

POST

Die Postfilialen sind auf dem Rückzug, vielerorts verkaufen Lebensmittelläden und Bäcker Briefmarken und nehmen Post an.

PREISE

Je größer ein Ort, umso teurer ist im Zentrum ein Besuch in Café, Bistro und Kneipe. Je ländlicher das Dorf, umso günstiger lebt und urlaubt es sich dort. In traditionellen Gasthäu- sern und -höfen wird man preiswert mit einem regionaltypischen Tagesgericht (6–12 Euro) satt.

REISEZEIT

Das späte Frühjahr gilt vielen Wanderern als beste Zeit. Andere bevorzugen den Herbst mit beständigerem Wetter und Fernsicht. Hochsaison ist im Juli und August. Wintersport ist von Dezember bis April am Arber und in Mitterfirmiansreut schneesicher. Die Übergänge zwischen Winter und Frühling bzw. Herbst und Winter können unangenehm vernebelt, feuchtkalt und matschig sein.

TELEFON & HANDY

Es gibt in allen größeren Orten Mobilfunkläden für Service und Prepaid-Karten. Der Empfang bleibt in manchen Tallagen mäßig. Außerdem schnappen sich österreichische Betreiber im Grenzland gern die Nutzer – und das wird als Auslandstelefonieren teuer. Deshalb sollten Sie Ihr Display immer im Auge behalten, notfalls auf manuelle Netzwahl und damit auf Ihren deutschen Anbieter bestehen. Telefonzellen verschwinden mehr und mehr, wer darauf angewiesen ist, sollte immer Kleingeld *und* Telefonkarte dabeihaben.

ZOLL & GRENZVERKEHR

Formalitäten beim Grenzübertritt nach Österreich und Tschechien haben sich ziemlich erledigt. Personalausweis oder Reisepass sollten Sie trotzdem dabeihaben. Seit 2008 gelten neue Freimengen im Reiseverkehr nach Tschechien: 800 Zigaretten; 400 Zigarillos, 200 Zigarren und 1 kg Rauchtabak.

Blick vom Silberberg bei Bodenmais

> UNTERWEGS IM BAYERISCHEN WALD

Die Seiteneinteilung für den Reiseatlas finden Sie auf dem hinteren Umschlag dieses Reiseführers

REISE
ATLAS

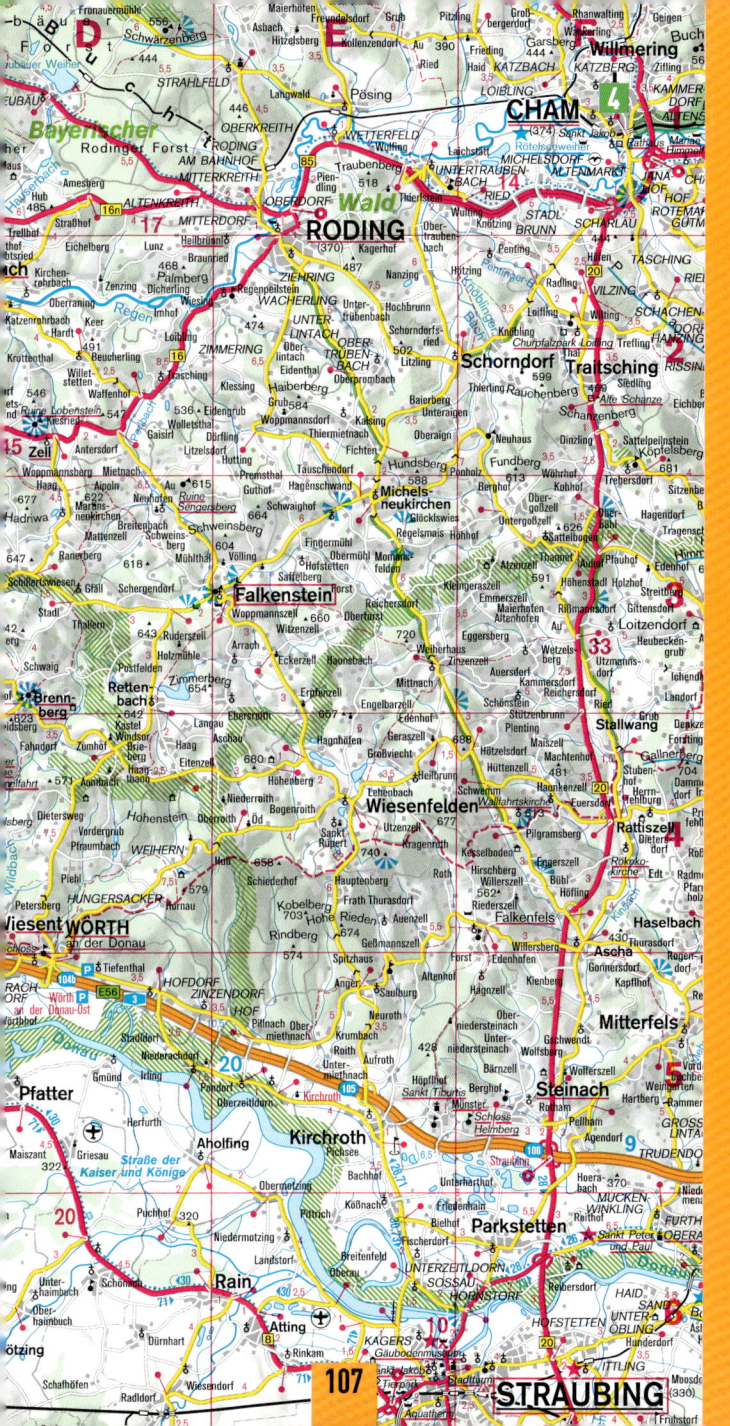

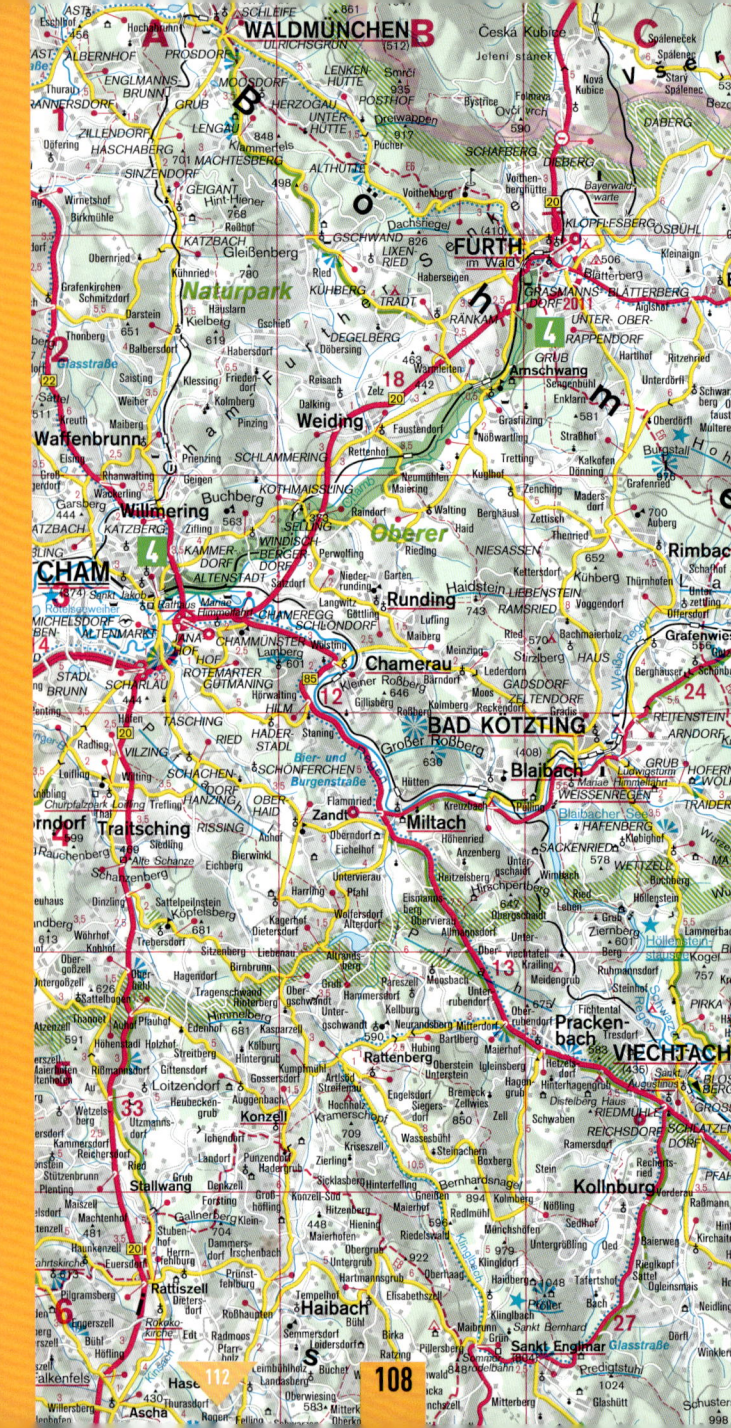

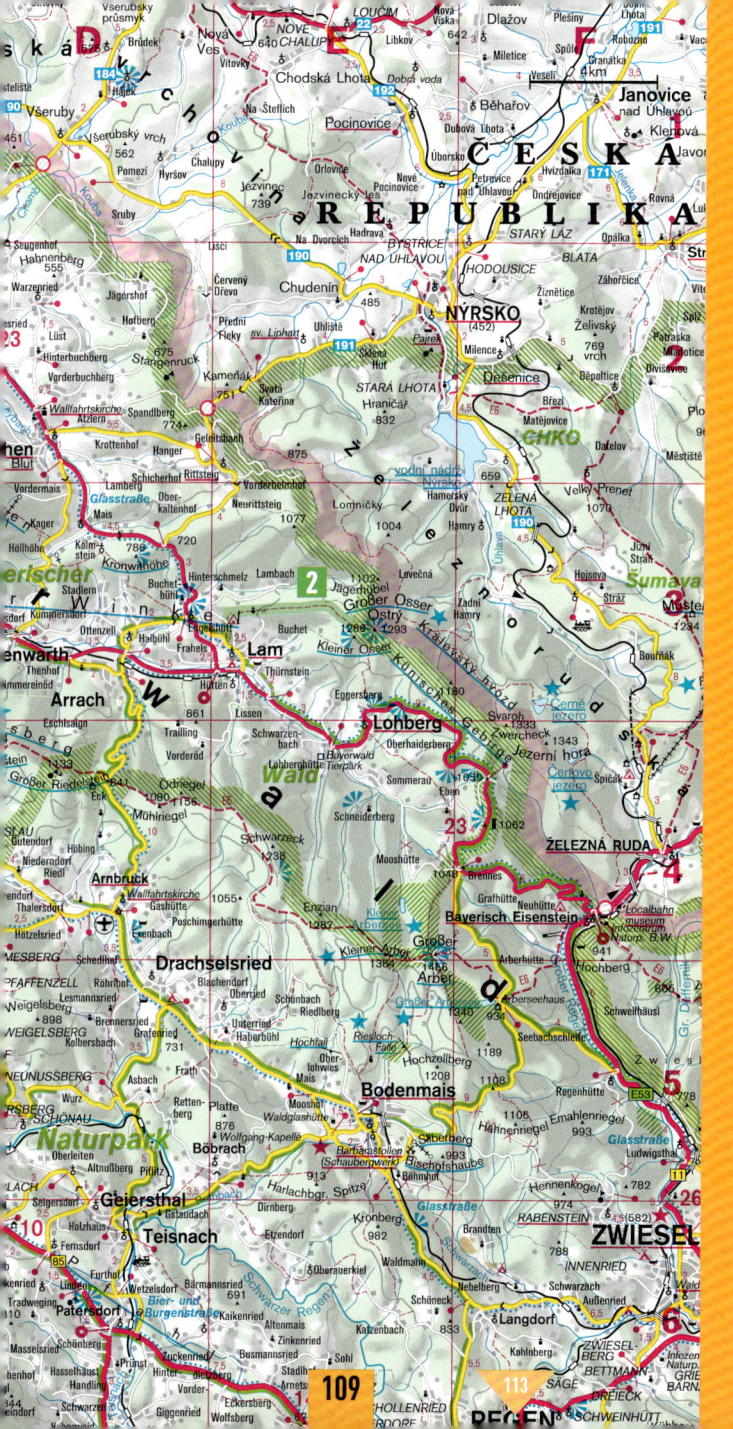

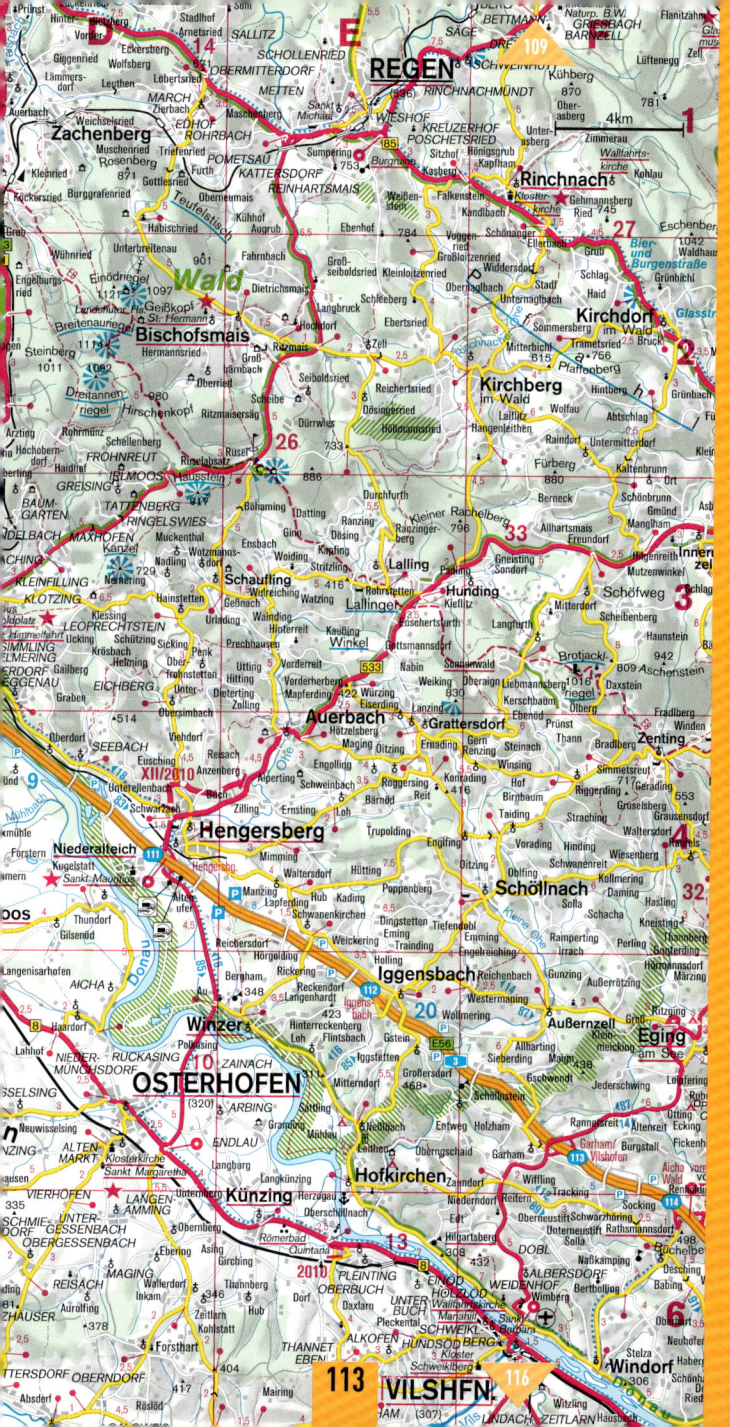

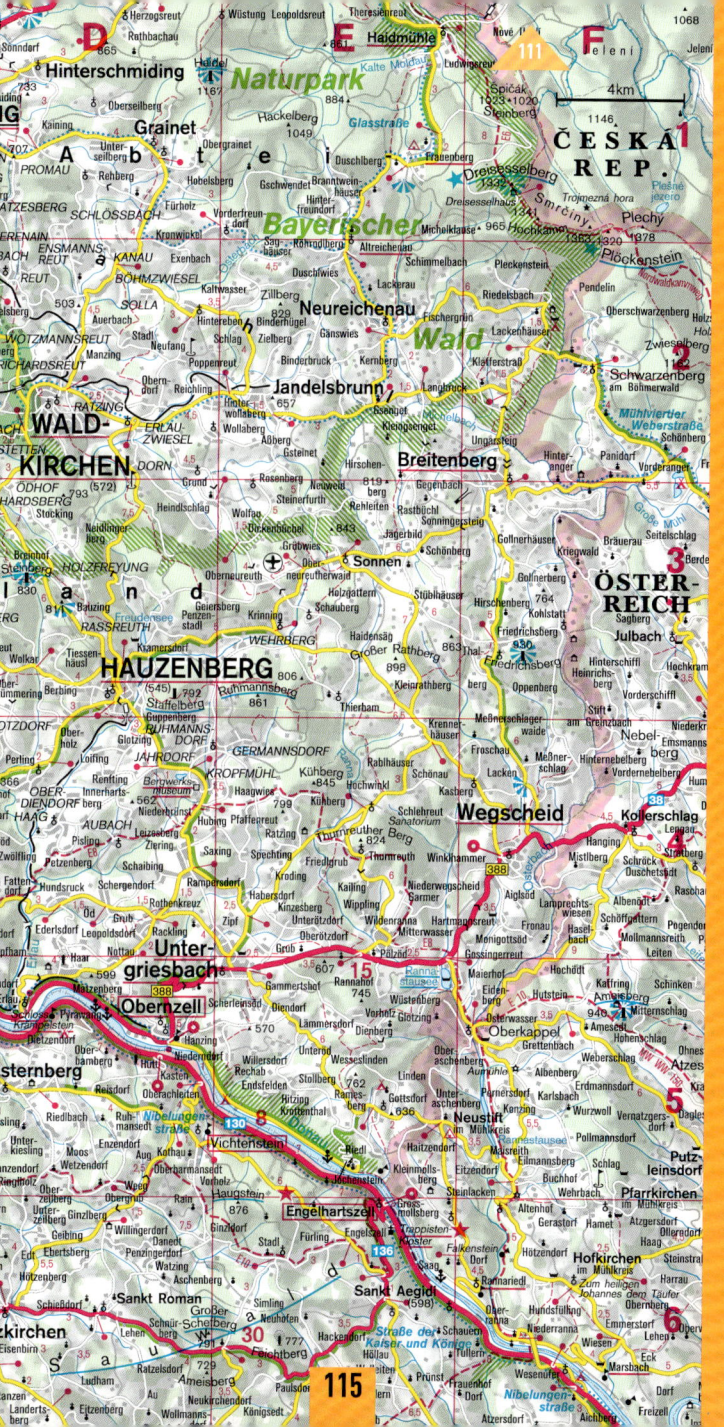

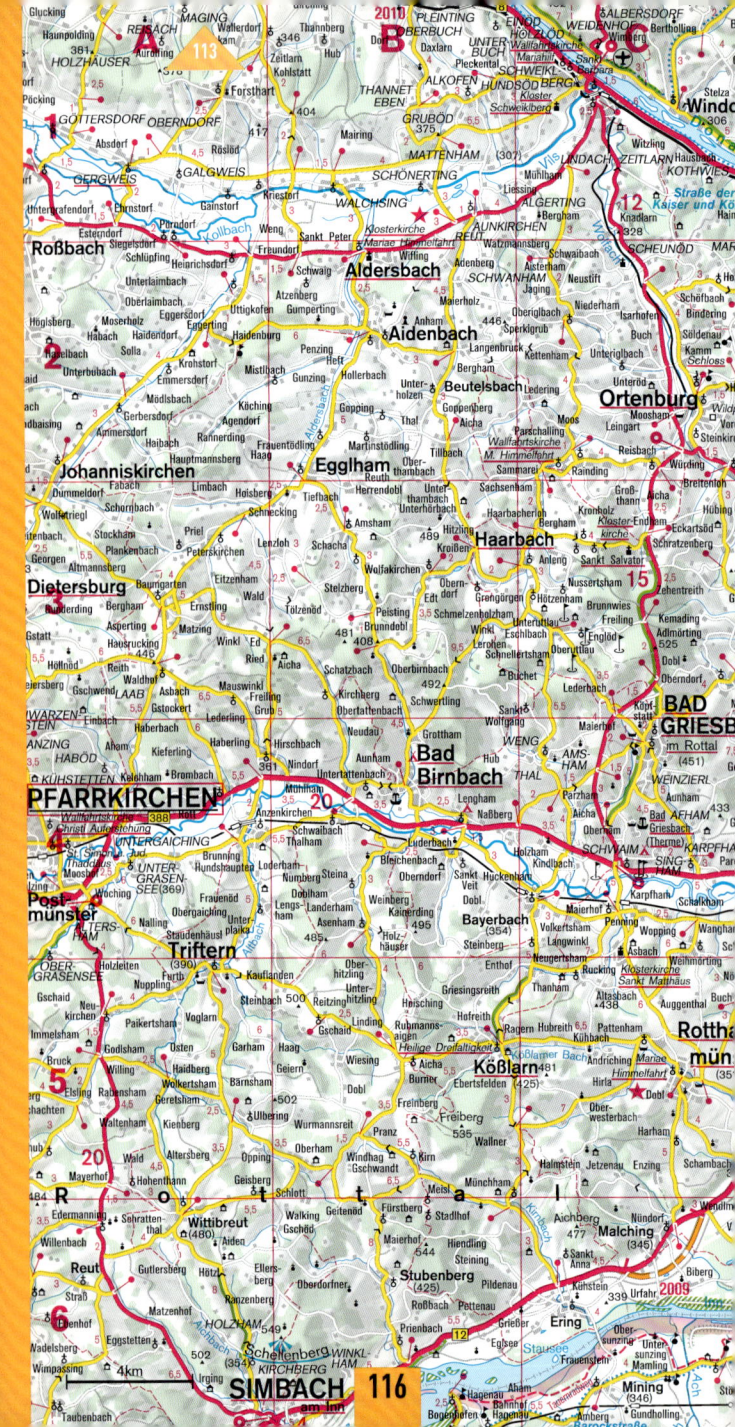

KARTENLEGENDE

Autobahn · Gebührenpflichtige Anschlussstelle · Gebührenstelle · Anschlussstelle mit Nummer · Rasthaus mit Übernachtung · Raststätte · Kleinraststätte · Tankstelle · Parkplatz mit und ohne WC		Motorway · Toll junction · Toll station · Junction with number · Motel · Restaurant · Snackbar · Filling-station · Parking place with and without WC
Autobahn in Bau und geplant mit Datum der Verkehrsübergabe	Datum / Date	Motorway under construction and projected with completion date
Zweibahnige Straße (4-spurig)		Dual carriageway (4 lanes)
Fernverkehrsstraße · Straßennummern	14 · E45	Trunk road · Road numbers
Wichtige Hauptstraße		Important main road
Hauptstraße · Tunnel · Brücke		Main road · Tunnel · Bridge
Nebenstraßen		Minor roads
Fahrweg · Fußweg		Track · Footpath
Wanderweg (Auswahl)		Tourist footpath (selection)
Eisenbahn mit Fernverkehr		Main line railway
Zahnradbahn, Standseilbahn		Rack-railway, funicular
Kabinenschwebebahn · Sessellift		Aerial cableway · Chair-lift
Autofähre		Car ferry
Personenfähre		Passenger ferry
Schifffahrtslinie		Shipping route
Naturschutzgebiet · Sperrgebiet		Nature reserve · Prohibited area
Nationalpark, Naturpark · Wald		National park, natural park · Forest
Straße für Kfz. gesperrt		Road closed to motor vehicles
Straße mit Gebühr		Toll road
Straße mit Wintersperre	XII-II	Road closed in winter
Straße für Wohnanhänger gesperrt bzw. nicht empfehlenswert		Road closed or not recommended for caravans
Touristenstraße · Pass	Weinstraße · 1510	Tourist route · Pass
Schöner Ausblick · Rundblick · Landschaftlich bes. schöne Strecke		Scenic view · Panoramic view · Route with beautiful scenery

Heilbad · Schwimmbad	♨ —	Spa · Swimming pool
Jugendherberge · Campingplatz	△ ⋏	Youth hostel · Camping site
Golfplatz · Sprungschanze		Golf-course · Ski jump
Kirche im Ort, freistehend · Kapelle		Church · Chapel
Kloster · Klosterruine		Monastery · Monastery ruin
Schloss, Burg · Schloss-, Burgruine		Palace, castle · Ruin
Turm · Funk-, Fernsehturm		Tower · Radio-, TV-tower
Leuchtturm · Kraftwerk		Lighthouse · Power station
Wasserfall · Schleuse		Waterfall · Lock
Bauwerk · Marktplatz, Areal		Important building · Market place, area
Ausgrabungs- u. Ruinenstätte · Bergwerk		Arch. excavation, ruins · Mine
Dolmen · Menhir · Nuraghen	π Ω 﨟	Dolmen · Menhir · Nuraghe
Hünen-, Hügelgrab · Soldatenfriedhof	☆ 田	Cairn · Military cemetery
Hotel, Gasthaus, Berghütte · Höhle	⌂ ∩	Hotel, inn, refuge · Cave

Kultur
Malerisches Ortsbild · Ortshöhe   **WIEN** (171)

Eine Reise wert   ★★ **MILANO**

Lohnt einen Umweg   ★ **TEMPLIN**

Sehenswert   **Andermatt**

Landschaft
Eine Reise wert   ★★ **Las Cañadas**

Lohnt einen Umweg   ★ **Texel**

Sehenswert   **Dikti**

Ausflüge & Touren

Culture
Picturesque town · Elevation

Worth a journey

Worth a detour

Worth seeing

Landscape
Worth a journey

Worth a detour

Worth seeing

Excursions & tours

Mariensäule in Bad Kötzting

REGISTER

In diesem Register finden Sie alle im Reiseführer erwähnten Orte und Ausflugsziele. Halbfette Seitenzahlen verweisen auf den Haupteintrag, kursive auf ein Foto.

IMPRESSUM

SCHREIBEN SIE UNS!

Liebe Leserin, lieber Leser,

wir setzen alles daran, Ihnen möglichst aktuelle Informationen mit auf die Reise zu geben. Dennoch schleichen sich manchmal Fehler ein – trotz gründlicher Recherche unserer Autoren/innen. Sie haben sicherlich Verständnis, dass der Verlag dafür keine Haftung übernehmen kann.

Wir freuen uns aber, wenn Sie uns schreiben.

Senden Sie Ihre Post an die MARCO POLO Redaktion, MAIRDUMONT, Postfach 31 51, 73751 Ostfildern, info@marcopolo.de

IMPRESSUM

Titelbild: Frauenchiemsee (Getty Images/Look: Werner)

Fotos: Ambulante Galerie: Michaela Dambeck (13 o.); Bilderberg: Kallay (82); Bio-Wirtshaus Zum Fliegerbauer (91 M.r.); Getty Images/Look: Werner (1); HB Verlag: Hirth (28, 38), Spitta (83); O. Heinze (28/29, 81, 84/85, 87); Hofgut Hafnerleiten: Günter Standl (14 o.); Huber: Alfeld (2 r.), Schmid (26); IFA Bilderteam: Putz (67); © iStockphoto.com: Adam Booth (90 M.l.), dwphotos (91 u.r.); Michael Jann: Stefan Jann (14 u.); Kanuwandersport.de: Hans Frait (91 o.l.); Marcel Maceiczyk (90 o. l.); H. Mielke (79); Passau Jazz Fest: Toni Scholz (12 u.); C. Pierach (123); Silvia Richter: Rolf Witt (15 u.); Christine Riesinger: Tom Huber (90 u.r.); Klaus-Peter Schmiedeknecht (15 M.); Anthony Schubert (15 o.); Sommerrodelbahn Geißkopf (90 M.r.); W. Spitta (3 l., 4 l.), 23, 59); T. Stankiewicz (Klappe links, 5, 16/17, 18, 21, 22, 34, 41, 52, 54/55, 56, 65, 69, 78, 88, 96/97, 104/105); STARS Lounge & Discothek (13 u.); K. Thiele (119); Meeke Voges (12 o.); H. Wagner (3 M., 76); T. P. Widmann (Klappe Mitte, Klappe rechts, 2 l., 3 r., 4 r., 6/7, 8/9, 11, 22/23, 24/25, 27, 29, 30/31, 32, 35, 37, 43, 44, 46, 49, 50, 58, 61, 62/63, 71, 72/73, 74, 92/93, 95, 98); www.passau-live.de: Rudolf Melcak (91 M.l.)

1. (9.) Komplett neu erstellte Auflage 2009
© MAIRDUMONT GmbH & Co. KG, Ostfildern
Verlegerin: Stephanie Mair-Huydts; Chefredaktion: Michaela Lienemann, Marion Zorn
Autorin: Christine Pierach; Redaktion: Manfred Pötzscher
Programmbetreuung: Cornelia Bernhart, Jens Bey
Bildredaktion: Gabriele Forst; Szene/24h: wunder media, München;
Kartografie Reiseatlas: © MAIRDUMONT, Ostfildern
Innengestaltung: Zum goldenen Hirschen, Hamburg; Titel/S. 1–3: Factor Product, München

FÜR IHRE NÄCHSTE REISE

gibt es folgende MARCO POLO Titel:

> UNSERE INSIDERIN

MARCO POLO Autorin Christine Pierach im Interview

Christine Pierach lebt seit 1984 in Passau und arbeitet als freie Journalistin und Fotografin.

Wieso leben Sie im Bayerischen Wald?

Passau hatte damals die jüngste Uni Deutschlands mit fachspezifischer Fremdsprachenausbildung. Das fand ich, damals Münchnerin, die ideale Kombination für mich Sprachenfreak mit einem Jurastudium.

Was reizt Sie an dieser Region?

Der Bayerische Wald ist statisch und lebendig zugleich. Hier wird es nie langweilig: Es gibt geschäftiges Stadtleben und wohltuende Wald- und Flussufereinsamkeit, Kunst und Kultur, auch Lebenskultur, in vielen Spielarten. Die Menschen sind selbstbewusst, zielstrebig und das Gegenteil von anbiedernd. Haben sie dich aber ins Herz geschlossen, hast du Freunde fürs Leben gefunden.

Und was mögen Sie nicht so?

Ärgerlich finde ich alles Volkstümelnde, das fürchterlich bemüht, oft krampfig, auf den vermeintlichen Geschmack der Urlauber abstellt. Dabei erschlägt, bestenfalls verwässert das die von Herzen kommende Frömmigkeit, die Heimatverbundenheit der Menschen hier, ihre Bräuche und auch zum Beispiel ihre Volksmusik.

Wo und wie leben Sie genau?

Ich lebe und arbeite in der Dreiflüssestadt Passau, im unmittelbaren Schatten des Doms in der Altstadt. Die ist verwinkelt, die Häuser stehen dicht. Ich habe eine Mietwohnung samt Büro im zweiten Stock und das Riesenglück, dass auf der Gassenseite gegenüber ein Garten mit einem großen Baum ist. Das gibt Licht und Aussicht.

Was genau machen Sie beruflich?

Ich arbeite als Gerichtsreporterin, als Kolumnistin, aber auch in den Ressorts Pferdesport und Feuilleton für die hiesige Tageszeitung, die Passauer Neue Presse. Ich schreibe und fotografiere auch für Fachmagazine (Reiten), mache ab und zu PR-Arbeit und Auftragsfotografie.

Was machen Sie in Ihrer Freizeit?

Da vermische ich Beruf und Privates. Ich schnappe mir oft die Kamera und ziehe auf Motivsuche einfach so los. Manchmal schreibe ich Gedichte. Außerdem habe ich ein Pferd, das ich ausbilde und auf Turnieren vorstelle.

Kommen Sie viel im Woid herum?

In den Nationalpark selbst meist in der Freizeit – und die ist knapp. Aber die Aufträge der Tageszeitung und der Pferdesport führen mich dauernd kreuz und quer durch die ganze Region.

> BLOSS NICHT!

Einige Tipps, wie Sie unangenehme Erlebnisse vermeiden

Ohne Karten wandern

Die ausgedehnten Wälder bieten Ortsunkundigen selten markante Orientierungspunkte. Die Wanderwege sind zwar gut markiert, aber man kommt trotzdem leicht ab und kann sich dann so richtig verlaufen. Das passiert schon bei der Suche nach einem Fotomotiv. Deshalb: nie ohne gute Karte losziehen! Die nutzt freilich nur dem, der damit umgehen kann.

Fahrten zur Rushhour

Die steigungsreichen Routen von und nach Tschechien, vor allem Philippsreut und Bayerisch Eisenstein, sind regelmäßig von Brummis verstopft. Daneben sind viele Arbeitnehmer im Bayerischen Wald Nah- und Fernpendler. Wollen Sie nicht mit im Stau stehen, sollten Sie zur Rushhour morgens und nachmittags Innenstädte und Hauptverkehrsadern meiden.

Stammtisch belagern

Wenn Sie in einem Wirtshaus selbst im größten Gedränge einen leeren Tisch entdecken, obwohl Sie kein „Reserviert"-Schild sehen, stehen Sie vermutlich vor dem sakrosankten Stammtisch. An diesem sollten Sie sich niemals ohne ausdrückliche Aufforderung niederlassen. Andererseits gibt es kaum einen herzlicheren Beweis für Ihr Ansehen am Urlaubsort als die Einladung der Stammtisch-Gesellschaft: „Hock di zura!" (nehmen Sie doch bei uns Platz).

Verkleiden

Wenn Sie auf „bayerisches Gewand" nicht verzichten mögen, sollten Sie sich trotzdem niemals verkleiden, sondern auf schlichte Landhausmode beschränken. Für die echten Trachten gibt es tradierte Regeln, wer was wann trägt. Schon deshalb ist die Gefahr groß, sich zu blamieren

Waffen-Souvenirs mitbringen

In Tschechien werden Schreckschusspistolen, Springmesser und echt aussehende Spielzeugwaffen günstig angeboten. Davon sollten Sie die Finger lassen. Schon der Besitz, also das bloße Mitführen in Jacken- oder Umhängetasche, ist bei vielen dieser Gegenstände in Deutschland verboten und wird in Bayerns Grenzland drakonisch bestraft!

Ranger ärgern

Im Nationalparkgebiet passen 27 uniformierte Ranger auf die Natur auf. Meist sind die Parkwächter einfach wandelnde Info-Stellen. Sie können aber auch richtig grantig werden. So gegenüber uneinsichtigen Besitzern freilaufender Hunde (Leinenpflicht) oder notorischen Naturniedertramplern abseits markierter Pfade (Wegegebot im Kerngebiet). In Šumava kostet verbotenes Betreten bis 1000 Kronen (ca. 38 Euro) Bußgeld. Ärgern Sie die Ranger nicht: Ihnen die Personalien zu verweigern, kann die Polizei ins Spiel bringen. Die Wächter sind zum Platzverweis befugt.